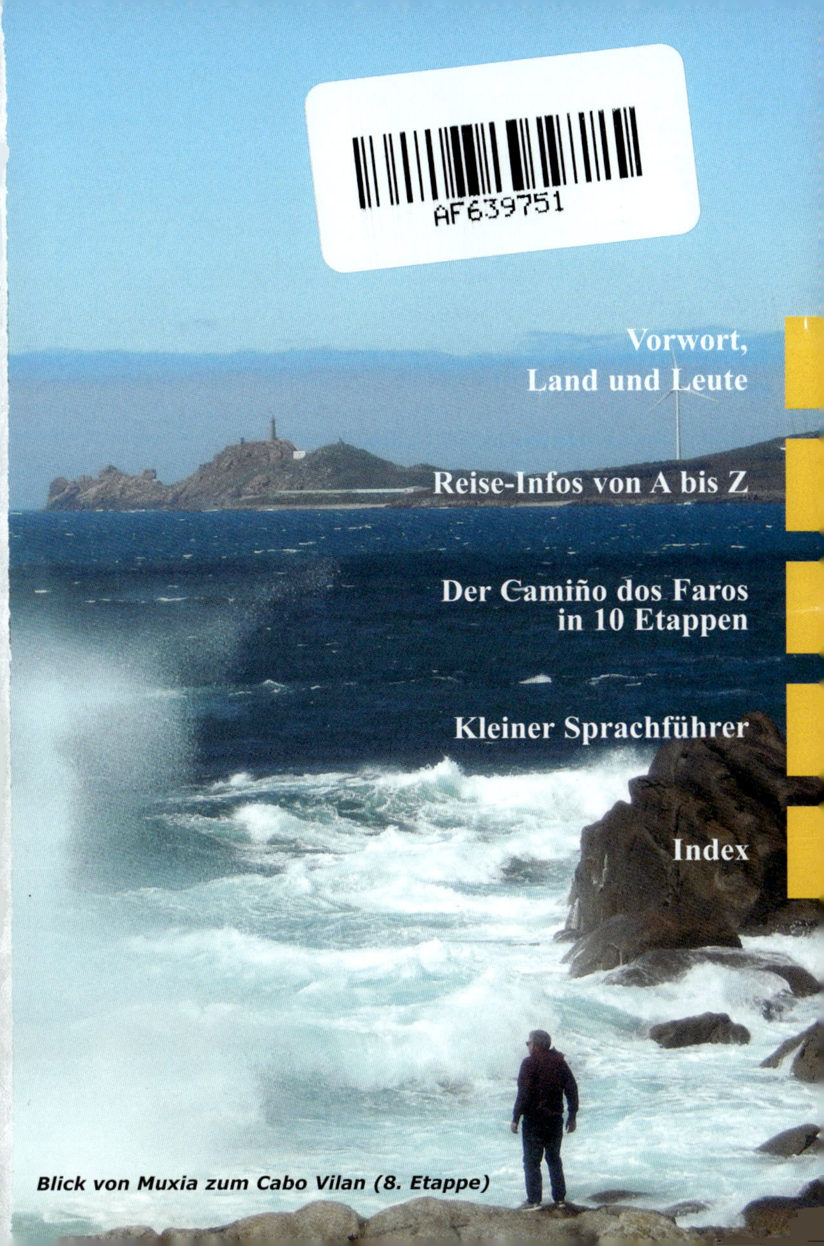

Blick von Muxia zum Cabo Vilan (8. Etappe)

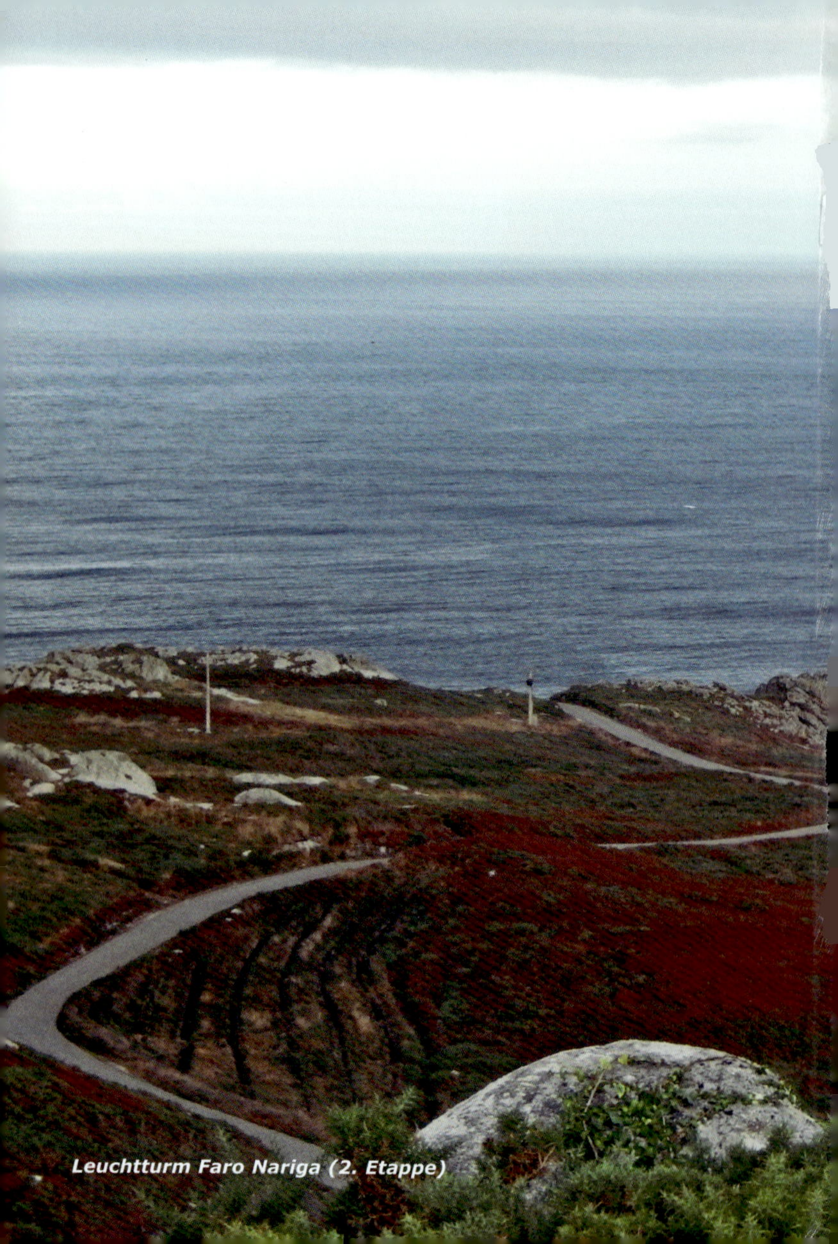

Leuchtturm Faro Nariga (2. Etappe)

Band 427

OutdoorHandbuch

Carina Kimmerle

Spanien: O Camiño dos Faros

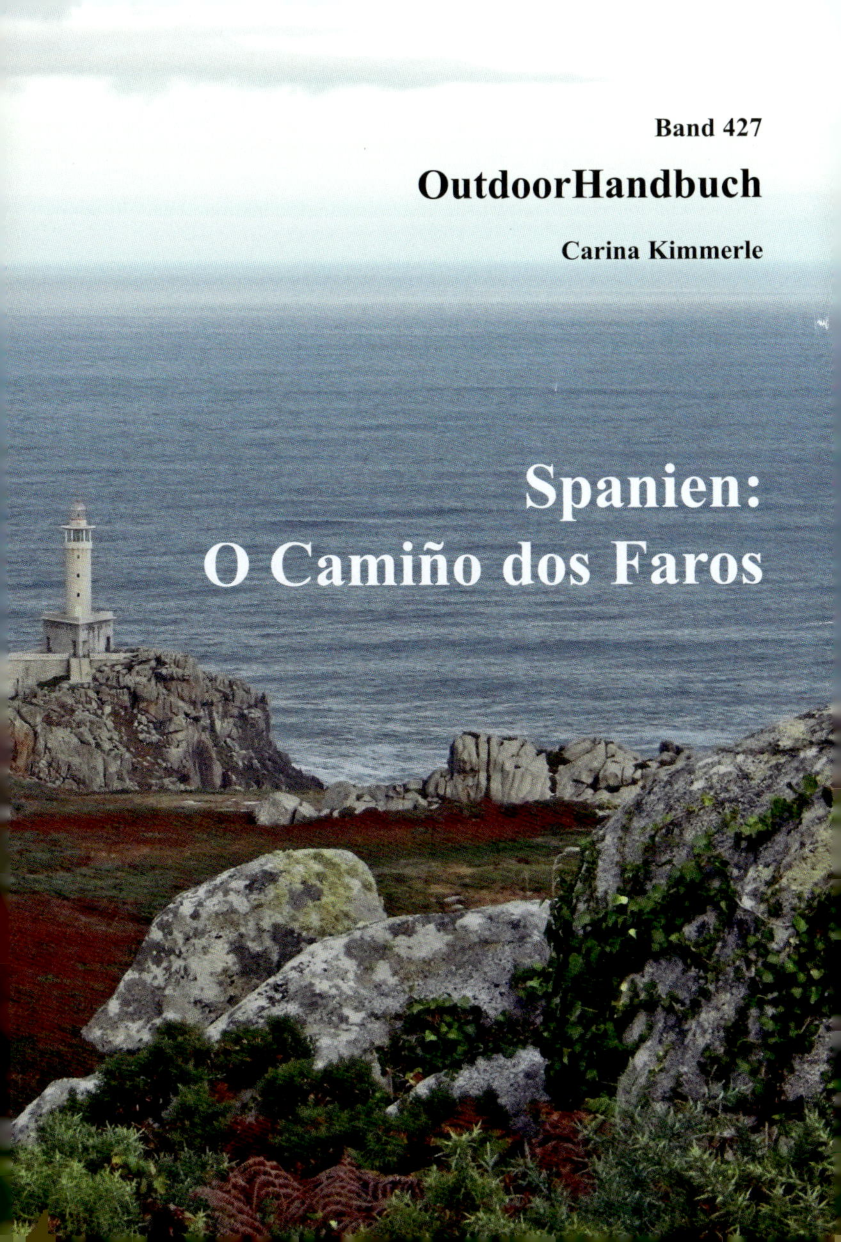

Spanien: O Camiño dos Faros

Dieses OutdoorHandbuch wurde konzipiert und redaktionell erstellt vom:

Conrad Stein Verlag GmbH
Kiefernstr. 6, 59514 Welver
☏ 023 84/96 39 12
info@conrad-stein-verlag.de
www.conrad-stein-verlag.de
www.facebook.com/outdoorverlag
www.instagram.com/outdoorverlag

Druckprodukt mit finanziellem **Klimabeitrag**
ClimatePartner.com/53106-2406-1010

Als Outdoor-Verlag sind uns der Schutz und die Erhaltung der Natur seit jeher ein besonderes Anliegen. Auch in Sachen Klimaschutz haben wir eine Vorreiterrolle inne: Wir sind der einzige Buchverlag in Deutschland, der bereits seit 2008 seine Bücher konsequent klimaneutral in Deutschland produzieren und transportieren lässt. Dabei wird nicht nur klimaneutral, sondern auch nachhaltig, d. h. so umweltschonend wie möglich produziert, z. B. durch die Auswahl von umweltfreundlichen Materialien. Die bei der Produktion der Bücher entstandenen CO_2-Emissionen werden durch die Unterstützung von zertifizierten Klimaschutzprojekten ausgeglichen. Jedes Buch wird daher mit dem Logo „klimaneutral" und einer ClimatePartner-Zertifikatsnummer versehen. Mithilfe dieser Nummer können Sie unter www.climatepartner.com Informationen zu der eingesparten CO_2-Menge und dem Projekt finden, das mit der Abgabe gefördert wird.

Das Engagement des Conrad Stein Verlags wurde im Rahmen des Projekts „Klimaneutraler Buchverlag" mit dem Westenergie Klimaschutzpreis 2022 ausgezeichnet.

OutdoorHandbuch Band 427

ISBN 978-3-86686-851-9 2., überarbeitete Auflage 2024

Text und Fotos: Carina Kimmerle
Lektorat: Amrei Risse und Ricarda Kuschma
Karten und Layout: Manuela Dastig

Gesamtherstellung: AZ Druck und Datentechnik GmbH, Kempten

Dieses OutdoorHandbuch hat 128 Seiten mit 48 farbigen Abbildungen sowie 11 farbigen Karten im Maßstab 1:85.000, 10 farbigen Höhenprofilen und einer farbigen, ausklappbaren Übersichtskarte.

Alle Informationen, schriftlich und zeichnerisch, wurden nach bestem Wissen zusammengestellt und überprüft. Sie waren korrekt zum Zeitpunkt der Recherche. Eine Garantie für den Inhalt, z. B. die immerwährende Richtigkeit von Preisen, Adressen, Telefonnummern und Internetadressen, Zeit- und sonstigen Angaben, kann naturgemäß von Verlag und Autorin – auch im Sinne der Produkthaftung – nicht übernommen werden.

Autorin und Verlag freuen sich über Ihr Feedback. Schreiben Sie Ihre Tipps und Verbesserungen an info@conrad-stein-verlag.de oder nutzen Sie unsere Social-Media-Kanäle. Bitte nennen Sie dabei Titel, Auflage und Seitennummer.

Dieses Buch ist im Buchhandel und in Ausrüstungsläden erhältlich und kann im Internet oder direkt beim Verlag bestellt werden.

Titelfoto: Auf dem Weg zum Faro Nariga, 2. Etappe

Inhalt

☺ Eine **Übersichtskarte** des Weges, **Autorinnenprofil** sowie eine Liste aller verwendeten **Symbole** in diesem Buch finden Sie auf den vorderen und hinteren Umschlagseiten bzw. -klappen.

Vorwort

Im Westen Spaniens, direkt an der Costa da Morte, verläuft der wunderschöne Weg „O Camiño dos Faros“ – der Weg der Leuchttürme. Auf der gesamten Strecke von Malpica bis zum Kap Finisterre werden viele kleinere und auch größere Leuchttürme passiert, die zum Teil spektakulär über den Klippen aufragen. Der Camiño dos Faros ist 200 km lang und verläuft bis auf wenige Ausnahmen direkt am Meer, vorbei an kleinen Buchten, Stränden, Dünen, Flüssen und auch Klippen, immer mit Blick Richtung Südwesten. Kleine Städte und abgelegene Fischerdörfer laden dazu ein, die Seele baumeln zu lassen. Die frische Meeresluft und die faszinierenden Aussichtspunkte sorgen dafür, dass Sie den oft hektischen Alltag hinter sich lassen können.

Der Camiño dos Faros ist körperlich anspruchsvoll, aber die Orientierung ist dank der guten Wegmarkierung für geübte Wanderer kein Problem. Entlang des Weges bieten sich viele Übernachtungsmöglichkeiten und ausreichend Gelegenheiten zur Einkehr, sodass dieser Weg zu einem einzigartigen Erlebnis wird.

Ich freue mich, wenn Sie genau wie ich voller Vorfreude den Rucksack packen und diesen einmaligen Weg genießen können. Auch über eine Rückmeldung zu diesem Reiseführer – wo er hilfreich war oder an welcher Stelle noch eine Ergänzung notwendig ist – freue ich mich.

Carina Kimmerle

Land und Leute

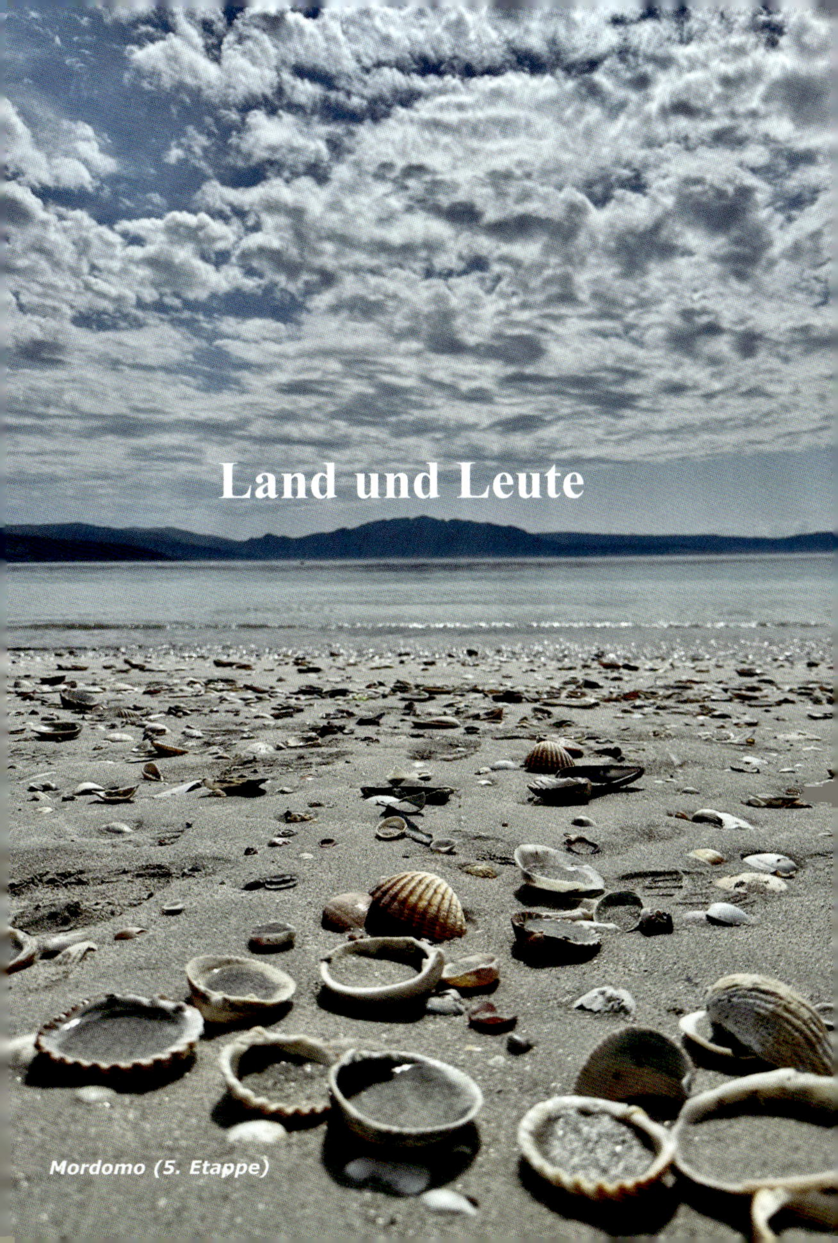

Mordomo (5. Etappe)

Galicien

Mit Abstand ist Spanien eines der beliebtesten Reiseländer in Europa. Allerdings zählen dabei vor allem der Süden Spaniens und die Inseln wie Mallorca oder Menorca. Etwas in Vergessenheit gerät der schöne Norden. Doch wenn man genau hinschaut, hat die Reise nach Spanien hier ihren Ursprung. Ganz in den Norden kamen vor über tausend Jahren die ersten Reisenden und Pilger aus aller Welt, um das Grab des Apostels Jakobus in Santiago de Compostela zu besuchen. Hier begann also die Reiserevolution für Spanien. Auch heute ist Galicien durch den Pilgerweg so bekannt wie noch nie. Aber gerade abseits der Pilgerroute zeigt sich Galicien von seiner schönsten Seite. Hier können viele landschaftlich und kulturell spannende Orte entdeckt werden. Galicien hat von allem etwas: das Meer, kilometerlange Strände, grüne Wälder, historische Sagen und Anekdoten, kleine und große Städte, die zum Verweilen einladen. Es lohnt sich daher, neben den großen Städten auch die Landschaft zu erkunden und die Bewohner der

Das große Monument „A Ferida" an der Costa da Morte (8. Etappe)

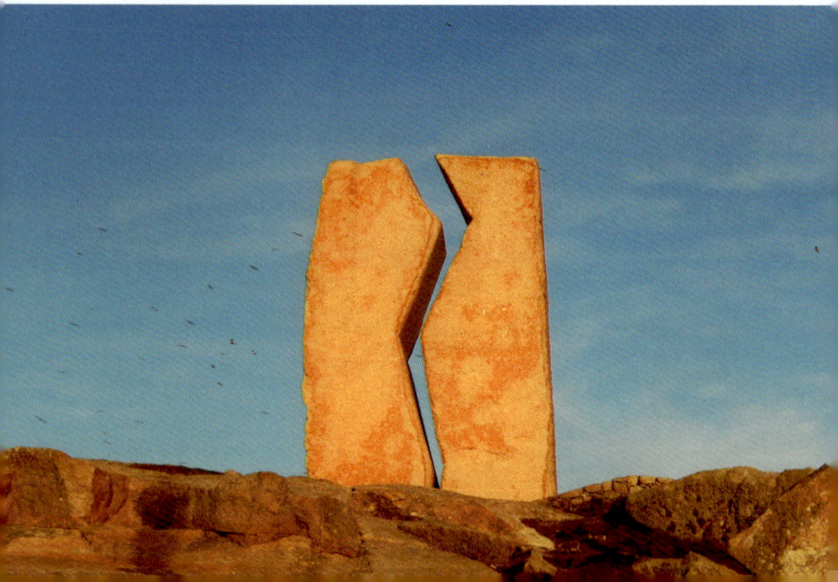

kleinen Orte kennenzulernen. Gerade in den ländlichen Gegenden freuen sich die Einheimischen über den Besuch aus Deutschland. Viele der älteren Spanier waren in ihrer Jugend als Gastarbeiter in Deutschland und haben unser Land und unsere Sprache kennengelernt. Wundern Sie sich daher nicht, wenn Ihnen vielleicht auf Ihrer Reise das ein oder andere deutsche Wort entgegengebracht wird.

Galicien ist bergig und an der Küste entlang sehr felsig. Sattgrüne Wälder, karge, steinige Landschaften sowie schöne, kilometerlange Strände wechseln sich ab und machen diese Region zu etwas ganz Besonderem. Entlang der Küste finden sich immer wieder kleine Fischerdörfer und kleinere Städte.

Ursprünglich siedelten sich in dieser Region die Kelten an, worauf heute noch verschiedene Traditionen zurückzuführen sind. Galicien war nie ein eigenes Königreich, es wurde immer von den Königen von León, Kastilien und dann später von Spanien regiert.

In Galicien wird Galicisch und Spanisch gesprochen. Galicisch ist eine romanische Sprache, die dem Portugiesischen sehr ähnelt.

Costa da Morte – die Todesküste

Der Name klingt erst einmal sehr düster und geheimnisvoll, allerdings hat dieser Küstenabschnitt seinen Namen nicht ohne Grund erhalten. Die Schifffahrt der letzten Jahrhunderte konnte nicht auf technische Unterstützung zurückgreifen, wie es heute der Standard ist. Die Wellen des Atlantiks schlagen hier ungebrochen an die Küste. Vor allem bei schlechtem Wetter werden die Schiffe von der starken Strömung Richtung Küste gedrückt und so kommt es immer wieder zu Kollisionen mit den Felsen, die sich unter dem Wasser befinden, und somit zu verheerenden Schiffbrüchen. In den vergangenen Jahrhunderten haben viele Fischer und Besatzungsmitglieder ihr Leben an dieser Küste verloren.

Zum Glück wurden die Ausstattung der Schiffe und die Sicherheitseinrichtungen am Festland stetig verbessert, sodass Unglücke immer öfter vermieden werden konnten. Das letzte große Schiffsunglück an der Costa da Morte ereignete sich im November 2002. Der Öltanker „Prestige“ brach auseinander und viele Teile der Küste wurden durch das Öl verseucht.

Pflanzen- und Tierwelt

Die Costa da Morte zeigt sich zu jeder Jahreszeit von ihrer schönsten Seite. Entlang der gesamten Küste Spaniens ist die Flora sehr ausgeprägt. Am Camiño dos Faros finden Sie vor allem verschiedenste Sträucher, Gräser und Blumen. Den Hauptanteil machen der Ginster- und der Erikastrauch aus. Den Ginster werden Sie sicherlich bald spüren, er unterscheidet sich von der Erika u. a. durch seine manchmal sehr gemeinen Stacheln. Das ganze Jahr über blühen diese Sträucher entlang des Weges. Das liegt daran, dass es hier drei verschiedene Arten gibt und jede von ihnen zu einem anderen Zeitpunkt im Jahr blüht. Durch die Nähe zum Meer und den nicht seltenen Regen ist die Landschaft grün.

Perleidechsen leben auf der Iberischen Halbinsel

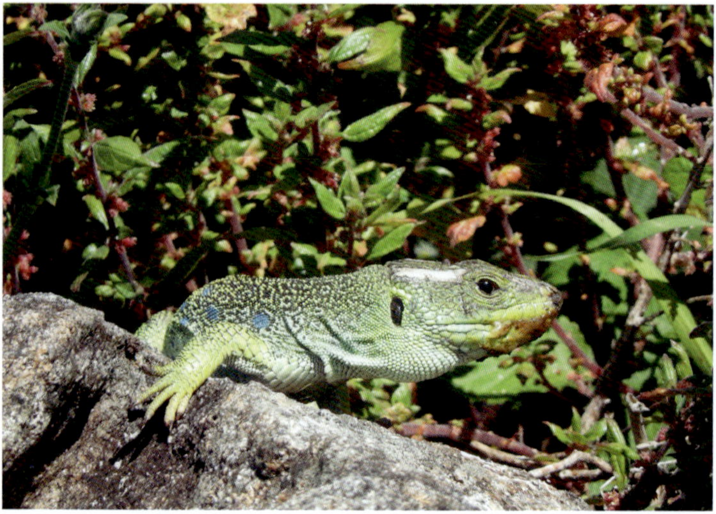

In der Gegend leben außerdem viele artengeschützte Tiere, vor allem verschiedene geschützte Vogelarten wie die Iberische Trottellumme, die Dreizehnmöwe oder auch die Steppenmöwe. Alle Arten finden hier eine hervorragende Umgebung, um zwischen den Klippen zu brüten, ihren Lebensraum zu erweitern und in Ruhe zu leben.

Leuchttürme

Leuchttürme sind und waren schon immer faszinierend, die stillen Wärter an der rauen See, Beschützer von Seefahrern in der ganzen Welt. Wann und wo das erste Leuchtfeuer entdeckt wurde, ist geschichtlich nicht genau geklärt. Eins ist allerdings sicher: Leuchtfeuer und Leuchttürme waren eine sehr gute Erfindung und haben vielen Seemännern die Arbeit auf dem Meer enorm erleichtert.

Ursprünglich wurde am Strand oder an der Küste ein Feuer angezündet, nicht selten von den daheimgebliebenen Frauen, die sich um ihre Männer sorgten. So konnten diese den Weg nach Hause leichter finden und die sichere Heimatbucht ansteuern. Mit der Zeit wurden die Feuer an verschiedenen Stellen entlang der Küste errichtet. Nicht nur die einheimischen Fischer konnten so den Weg entlang der Küste sicher bestreiten, sondern auch Händler und Seefahrer aus anderen Ländern wurden an der Küste entlanggeführt. Wichtig war, dass die Lichter von weither erkannt werden konnten. So entstanden die Vorläufer der heutigen Leuchttürme. Es wurden Türme errichtet, auf denen Holz, Stroh und andere brennbare Materialien angezündet wurden, sodass die Seeleute das Feuer schon von Weitem entdecken konnten.

Den ersten Leuchtturm errichteten die Ägypter auf einer kleinen Insel vor Alexandria. Römer und auch andere Völker, deren Reich entlang der Küste lag, griffen diese Idee auf und so entstand ein Leuchtturm nach dem anderen. Dies wurde allerdings auch bald zu einem Problem, denn dadurch, dass immer mehr Leuchtfeuer hinzukamen, konnten die Seefahrer nicht abschätzen, ob sie sich schon im sicheren heimischen Hafen befanden. Auch wurden Leuchtfeuer missbräuchlich aufgestellt, um Schiffe auf Sandbänke und Riffe zu locken und sie anschließend auszurauben. Ein weiteres Problem waren die Wetterverhältnisse. Bei Regen oder Sturm waren die offenen Feuer bald erloschen und konnten von der See aus nicht mehr erkannt werden. Der Schweizer Erfinder Aimé Argand brachte die Entwicklung der Leuchttürme schließlich ein enormes Stück weiter. Seine Argand´sche Öllampe war nicht nur leicht, sondern auch extrem hell. Sie brachte gleich zwei weitere Vorteile: Der benötigte Rohstoff war leicht zu transportieren und die Lampe war vor Wind und Wetter geschützt. Bald wurde sie nochmals weiterentwickelt und konnte dann mit Gas betrieben werden.

Weitere wichtige Weiterentwicklungen in der Geschichte der Leuchtfeuer, die zu nennen sind, sind die Entwicklung der Frensel-Linse und schlussendlich die Elektrizität. Der französische Physiker J. A. Frensel war auf Linsen, Prismen und Spiegel spezialisiert. Er schaffte es, diese so anzuordnen, dass der Lichtkegel um ein Vielfaches verstärkt wurde. Hierdurch waren nun nicht mehr so viele Leuchtfeuer notwendig, es war möglich, sie gezielt entlang der Küste zu platzieren. Die Lichtquelle konnte durch die Linse kontrolliert werden und strahlte nicht mehr einfach in alle Richtungen ab.

Jetzt blieb nur noch ein Problem übrig: Wie erkennt der Seefahrer, dass er sich am richtigen Leuchtturm befindet? Dies wurde dadurch gelöst, dass jeder Leuchtturm eine eigene Kennung erhielt. Diese wird durch verschiedene eingebaute Blenden erreicht – so ist das Lichtsignal unterschiedlich lang und blinkt in einem vorgegebenen Rhythmus.

Durch die moderne Technik ist es inzwischen auch nicht mehr notwendig, in jedem Leuchtturm einen Leuchtturmwärter zu beschäftigen. Spätestens mit Einführung des GPS ist es für jedermann möglich, leicht seinen Standort zu bestimmen und sich sicher an der Küste entlang zu bewegen. Allerdings kann man auch heute nicht ganz auf Leuchttürme verzichten – diese werden immer noch als Notfallsysteme benötigt, falls die elektronischen Systeme einmal ausfallen sollten. Schön zu sehen ist auch, dass sich immer wieder Institutionen, Vereine und Liebhaber um die kulturellen und historischen Hintergründe kümmern und außer Betrieb genommene Leuchttürme erhalten und die Pflege übernehmen.

Sie werden viele verschiedene und beeindruckende Leuchttürme entlang des Camiño dos Faros entdecken, die die Schiffe sicher an den gefährlichen Klippen und Landzungen der Costa da Morte entlangführen. Die genauen technischen und geschichtlichen Daten finden Sie jeweils im Text.

Reise-Infos von A bis Z

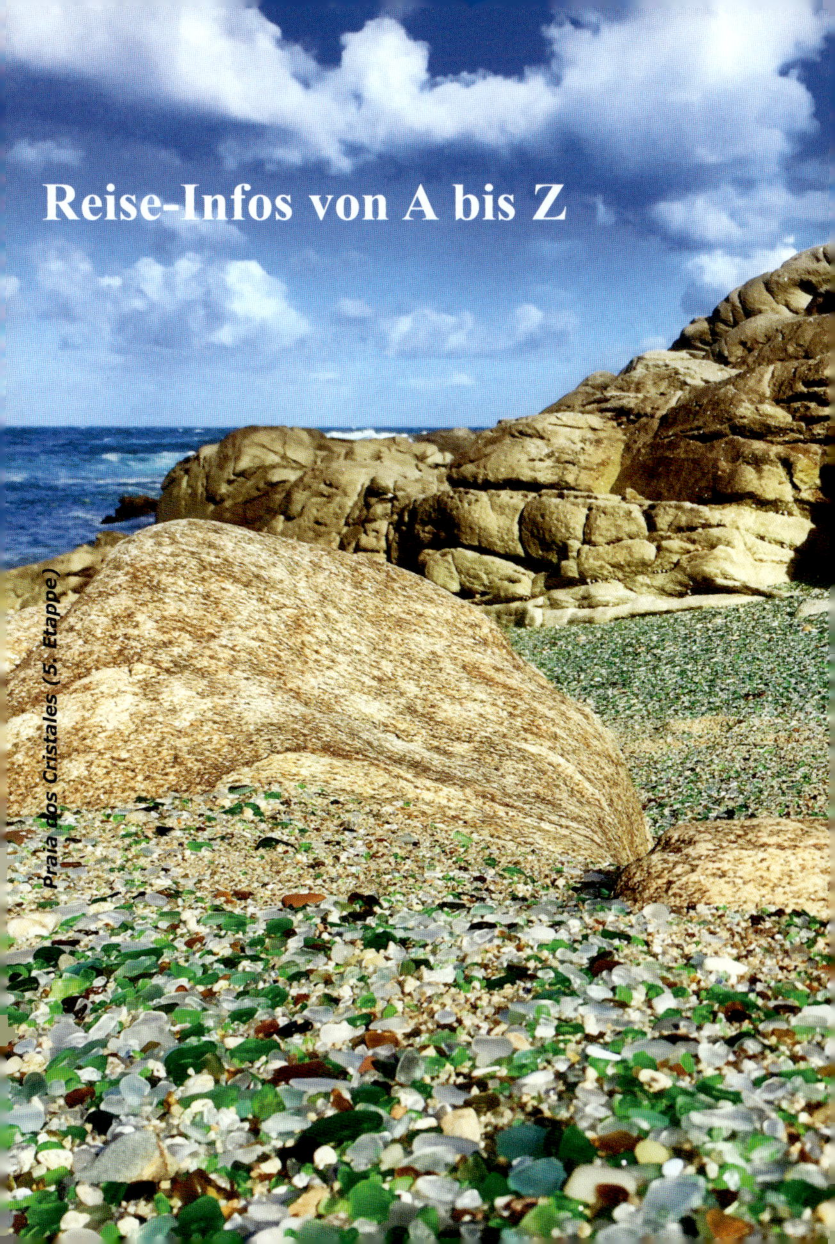

Praia dos Cristales (5. Etappe)

An- und Abreise

Anreise nach Malpica

Anreise mit dem Flugzeug

Am schnellsten und bequemsten gelangen Sie mit dem Flugzeug nach Nordspanien. Bei einer rechtzeitigen Buchung können Sie einen sehr kostengünstigen Flug bekommen. Von Deutschland aus fliegen verschiedene Airlines nach Santiago de Compostela (SCQ) oder nach A Coruña (LCG).

Sehr hilfreich kann dazu folgende Internetseite sein:

💻 www.skyscanner.de

Von Santiago aus fahren Busse nach Malpica, meistens mit Umstieg in Carballo oder A Coruña. Die Kosten für die Busfahrt liegen zwischen € 8 und € 13 und sie nimmt ca. 1 Std. 30 Min. in Anspruch. A Coruña erreichen Sie von Santiago aus in ca. 30 Min. auch mit dem Zug. Von Carballo und A Coruña fahren täglich Busse nach Malpica (ab A Coruña meist mit Umstieg in Carballo, der Direktbus verkehrt nicht täglich), die Kosten liegen bei € 10 bis € 12 und die Fahrt dauert ca. 1 Std. (ab Carballo) bzw. 1 Std. 30 Min. (ab A Coruña).

Einen guten Überblick können Sie sich hier verschaffen:

💻 www.rome2rio.com, oder www.arriva.es verschaffen.

Anreise mit Bus oder Bahn

Eine Anreise mit Bus oder Bahn ist im Normalfall sehr teuer und auch eine zeitaufwendige Angelegenheit. Sie können sich über folgende Internetseiten informieren:

- internationale Busse: 💻 www.touring.de
- Bahn in Deutschland: 💻 www.bahn.de
- Bahn in Frankreich: 💻 www.tgv-europe.de, 💻 www.voyages-sncf.com
- Bahn in Spanien: 💻 www.renfe.es

Abreise von Fisterra

Mehrmals täglich fahren Busse von Fisterra nach Santiago de Compostela oder nach A Coruña. Beide Varianten nehmen ca. 2 bis 3 Std. in Anspruch und kosten zwischen € 10 und € 15.

Von Santiago de Compostela und auch von A Coruña können Sie wie auch schon bei der Anreise mit dem Flugzeug, der Bahn oder dem Fernbus zurück in die Heimat reisen.

Ausrüstung

Die wichtigste Grundregel für einen erfahrenen Wanderer heißt: „so wenig wie möglich, so viel wie nötig einpacken". Deshalb ist es immer ratsam, schon beim Packen die Waage zurate zu ziehen. Beim Camiño dos Faros überwinden Sie täglich teilweise mehrere Hundert Höhenmeter, einen schweren Rucksack möchte da niemand mitschleppen. Allgemein geht man davon aus, dass ein Wanderrucksack nicht mehr als 10 % des eigenen Körpergewichtes wiegen darf. Bei längeren Reisen über einer Woche können Sie hier nochmals 1 bis 2 kg dazuzählen. Sie werden aber schnell merken, dass ein leichter Rucksack sehr viel mehr Spaß macht, und Ihre Füße werden es Ihnen an jedem Abend danken.

Zur Orientierung sind hier die wichtigsten Gegenstände aufgeführt:

- ☐ bequemer, verstellbarer Rucksack mit Hüftgurt
  (Der Rucksack sollte genau an den Wanderer angepasst werden und über ein gut gepolstertes Rückenteil und einen bequemen und verstellbaren Hüftgurt verfügen. Ein Rucksack mit einer Größe von ca. 30-40 l ist ausreichend.)
- ☐ Regenschutz für den Rucksack
- ☐ Teleskop- oder Wanderstöcke
  (Für einen besseren Halt und für die Abstiege sind Wanderstöcke hilfreich. Teleskop- oder Faltstöcke sind leicht und lassen sich gut am Rucksack befestigen, wenn sie nicht benötigt werden.)
- ☐ leichte, eingelaufene Wanderschuhe
  (Gut eingelaufene Wanderschuhe sind, wie man so schön sagt, dass A und O auf einer mehrtägigen Wandertour. Der Schuh sollte über ein gutes Profil verfügen. Um sich vor Umknicken und einer Überdehnung von Bändern zu schützen, sind Schuhe, die über die Knöchel reichen, ratsam.)
- ☐ leichte (Wander-)Sandalen oder Laufschuhe

- ☐ zwei bis drei Paar Wandersocken
- ☐ zwei bis drei T-Shirts
- ☐ zwei Hosen, evtl. eine mit abnehmbaren Beinen bzw. eine kurze Hose
- ☐ ein Pullover oder eine Fleecejacke, auch im Sommer
- ☐ Regenjacke oder Poncho
- ☐ evtl. eine Windjacke
- ☐ zwei bis drei Unterhosen
- ☐ evtl. lange Unterhose und für die Damen ein Sport-BH
- ☐ Hut, Mütze oder Kopftuch (wegen der Sonne)
- ☐ Sonnenbrille
- ☐ Sonnenschutzcreme

  (Ein guter Sonnenschutz darf nicht fehlen. Der Weg verläuft direkt am Meer, oft bemerkt man bei einem kleinen Lüftchen erst zu spät, wie stark die Sonneneinstrahlung ist. Daher gilt: vorher gut eincremen.)
- ☐ evtl. Badeschlappen
- ☐ ein kleines Handtuch
- ☐ Zahnbürste, Zahnpasta
- ☐ Seife für die Körperpflege
- ☐ persönliche Medikamente und Informationen zu persönlichen Daten (Impfungen usw.)
- ☐ kleines Set Verbandsmaterial (Pflaster, Mullbinde usw.)
- ☐ Blasenpflaster
- ☐ Medikamente gegen Durchfall, Fieber, Schmerzen, Erkältung (jeweils nur 3-4 Tabletten)
- ☐ kleine Schere (z. B. Nagelschere)
- ☐ Taschenmesser
- ☐ Nähutensilien, Nähnadel mit Garn
- ☐ evtl. Kugelschreiber und ein kleines Notizbuch
- ☐ Personalausweis
- ☐ Flugtickets, Bahntickets
- ☐ EC-Karte, Kreditkarte
- ☐ Krankenkassenkarte, Auslandsreiseschutz (Adresse oder Telefonnummer)

- ☐ Handy inkl. Ladegerät
- ☐ Digitalkamera inkl. Ladegerät
- ☐ Wasserflasche für 1,5 bis 2 Liter
- ☐ Proviant für tagsüber

Diplomatische Vertretungen

Ⓓ Deutsche Botschaft, Calle Fortuny 8, 28010 Madrid, ☏ 915 579 000

Ⓐ Österreichische Botschaft, Paseo de la Castellana 91, 28046 Madrid, ☏ 915 565 315

(CH) Schweizerische Botschaft, Calle Nunez de Balboa 35, Edificio Goya, 28001 Madrid, ☏ 914 363 960

Einkaufen

In Spanien gibt es alles zu kaufen, was Sie auch von zu Hause gewohnt sind. Die Geschäfte haben teilweise sogar am Wochenende geöffnet. Vorsicht bei den Öffnungszeiten, die Spanier allgemein und vor allem auf dem Land sind ihre „Siesta" gewohnt. Daher haben die Geschäfte teilweise nachmittags erst wieder ab 16:00 (oder 17:00) geöffnet. In vielen Dörfern gibt es kleine Lebensmittelgeschäfte, die neben Produkten für den täglichen Bedarf auch eine ordentliche Auswahl an Hygieneprodukte, anbieten. Die Preise in Spanien sind im Vergleich zu Deutschland etwas günstiger.

Entlang des Weges werden in kleineren Bars oder Restaurants Speisen angeboten, Sie müssen daher nicht für mehrere Tage Proviant mitnehmen. Bis auf einige Abschnitte ist die Versorgung mit Lebensmitteln gut. Im Text wird darauf hingewiesen, wenn keine Einkaufsmöglichkeit vorhanden ist, sodass Sie sich rechtzeitig mit Proviant eindecken können.

Elektrizität

Die Netzspannung beträgt in Spanien wie bei uns in Deutschland 230 V. Es kann vorkommen, dass der bei uns unter dem Namen Schukostecker bekannte Stecker älterer Geräte nicht in die spanische Steckdose passt.

Eurostecker und flache Stecker, wie sie in der Regel bei Ladegeräten von Handys oder Kameras zu finden sind, funktionieren problemlos.

Essen und Trinken

Entlang des Meeres bietet es sich natürlich an, die örtlichen Fischspezialitäten zu probieren. Diese werden teilweise sogar vor den Restaurants auf der Straße frisch zubereitet. In den Restaurants gibt es zum Teil auch ein Tagesmenü (*menú del dia*). Sie erhalten für € 12-15 normalerweise zwei Gänge mit Brot, Wein und Wasser und einen Nachtisch. Qualität und Preis sind natürlich von Ort zu Ort unterschiedlich. Das Abendessen in Spanien wird in der Regel nicht vor 20:00 serviert.

Zahlreiche Brunnen entlang des Camiño dos Faros spenden in der Regel aufbereitetes Trinkwasser. Sollte dies nicht der Fall sein, finden Sie ein Hinweisschild mit dem Schriftzug „no potable“. Aufgrund des hohen

Hier in Muxía wird Fisch getrocknet

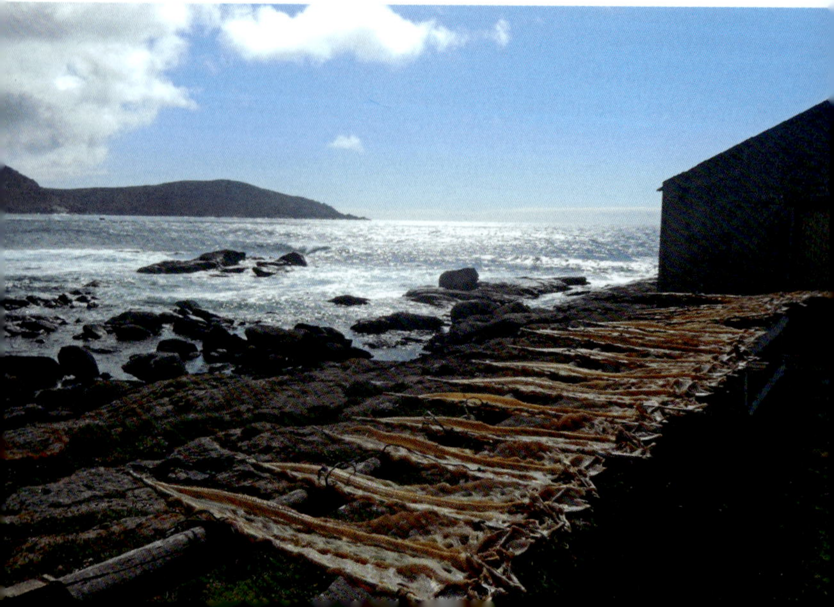

Chlorgehalts des Leitungswassers in Spanien empfiehlt es sich, auf die Plastikflaschen mit Mineralwasser zurückzugreifen, die Sie in jedem Supermarkt oder in Bars am Wegesrand erhalten.

Etappen

Der Camiño dos Faros verläuft mit ein paar wenigen Ausnahmen direkt am Meer. Das bedeutet, dass Dünen, Strände und Anstiege oberhalb von Buchten zu jeder Tagesetappe zählen. Kurze und häufige Ab- und Anstiege können auf einer Strecke von mehr als 25 km pro Tag sehr anstrengend für die Füße werden. Daher sollten Sie die Länge Ihrer Tagesetappe mit Bedacht wählen und sich im Zweifelsfall für eine kürzere Strecke entscheiden. Gönnen Sie Ihren Füßen vielleicht auch mal einen halben Tag Pause und nutzen Sie die Gelegenheit, um die kleinen Fischerstädtchen und deren Sehenswürdigkeiten zu besuchen. Einer der zahlreichen Strände lädt sicherlich auch mal zu einer längeren Pause ein.

Feiertage

Gesetzliche Feiertage in Spanien sind: 1.1., 6.1., Gründonnerstag, Karfreitag, Ostersonntag (aber nicht Ostermontag), 1.5., 15.8., 12.10., 1.11., 6.12., 8.12., 25.12. Am 24.12. und 31.12. ist ab mittags geschlossen. Ein regionaler Feiertag der Region Galicien ist der 17.5. Die Fiesta de San Juan (Feier der Sommersonnenwende) wird in vielen Teilen Spaniens in der Nacht vom 23.06 auf den 24.06 gefeiert, an diesem Tag haben die Geschäfte ebenfalls geschlossen.

Gefahren

Bergsteigererfahrung ist auf diesem Weg nicht notwendig, Trittsicherheit und Schwindelfreiheit sind aber wichtig. Sie sollten dem Camiño dos Faros wie jedem Wanderweg mit Respekt begegnen. Laufen Sie nicht in die Nacht hinein und studieren Sie vorab den Wetterbericht, um keine bösen Überraschungen zu erleben. Vor allem kann der Nebel am Atlantik auch bei schönem Wetter schnell aufziehen.

Strände, die nicht mit diesem Symbol gekennzeichnet sind, sind keine ausgewiesenen Badestrände.

Waldbrände

Galicien gehört leider zu einer der Regionen Spaniens, die immer wieder von Waldbränden betroffen sind. Das Zusammenspiel zwischen der heißen spanischen Sonne, langen trockenen Phasen ohne Regen und dem Wind am Meer sorgt dafür, dass Waldbrände leichtes Spiel haben. Sollten Sie auf Ihrem Weg in ein Gebiet kommen, in dem vor Waldbränden gewarnt wird bzw. in dem aktuell oder vor Kurzem ein Waldbrand gewütet hat, achten Sie bitte auf die Warnhinweise vor Ort.

Vermeiden Sie außerdem selbst alles, was einen Waldbrand auslösen könnte: Benutzen Sie Streichhölzer und Feuerzeuge nur sehr umsichtig, entzünden Sie kein offenes Feuer und lassen Sie keine Glasflaschen oder -scherben liegen.

Gelände, Wegbeschaffenheit und Streckenverlauf

Fast der gesamte Weg verläuft direkt am Meer, nur wenige Kilometer führen ins Landesinnere. Die Wegbeschaffenheit und das Gelände sind manchmal fordernd, vor allem auf den ersten Etappen, da der Camiño dos Faros direkt über die Klippen und Strände am Meer verläuft. Deshalb sollten Sie wie bereits erwähnt schwindelfrei und trittsicher sein. Da der Weg selbst sehr naturbelassen ist, muss auch mal der ein oder andere Strauch und Farn zur Seite geschoben werden. Der gesamte Weg ist bis auf ein paar Stellen aber gut passierbar.

Das Wandern über steinige und felsige Wege kann sehr anstrengend werden, aber Sie stoßen selten auf Überschwemmungen oder unpassierbare Stellen. Und auch wenn Sie sich direkt am Meer befinden: Die Ab- und Aufstiege sind nicht zu unterschätzen und die Höhenmeter, die erwandert werden, sind mit einem Bergwanderweg vergleichbar.

Der Weg ist in beide Richtungen begehbar.

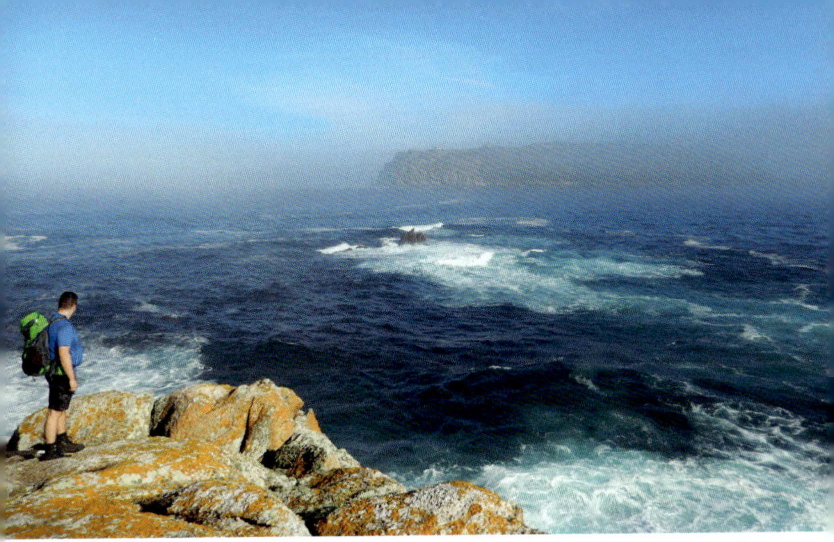

Schwindelfrei und trittsicher sollten Sie sein – hinter der Kapelle San Adrian (1. Etappe)

Geld

In jeder kleineren Stadt gibt es Geldautomaten, hier können Sie mit Ihrer EC-Karte mit dem Maestro-Symbol Geld abheben. Die Abhebung kostet ca. € 5. (Das Geldabholen mit der Kreditkarte ist ebenfalls möglich, in der Regel aber teurer.) Sie müssen daher nicht für die gesamte Reise Bargeld im Voraus mitnehmen. Je nachdem, wo Sie übernachten und wo Sie essen gehen, benötigen Sie am Tag ca. € 50-70. Für die Bezahlung der Übernachtungen in Pensionen oder Hotels bietet sich eine Kreditkarte an.

Denken Sie auch daran, für den Fall, dass eine der Karten abhandenkommt, sicherheitshalber die Telefonnummer der Sperrhotline oder Ihrer Heimatbank mitzunehmen.

Hunde

Der Weg ist anspruchsvoll und könnte daher für Ihren geliebten Vierbeiner zu anstrengend sein. Viele Tiere sind Höhenmeter und lange Strecken nicht gewöhnt, dazu kommt der Klimaunterschied. Bitte prüfen Sie vorab, ob Sie dies Ihrem Hund zutrauen.

Karten und GPS

Es gibt keine Wanderkarten, die den Camiño dos Faros im Detail zeigen. Mit der Beschreibung in diesem Buch und den grünen Wegmarkierungen sollte es Ihnen aber nicht schwerfallen, den Weg zu finden.

Die GPS-Tracks zu den beschriebenen Wegen können Sie von der Internetseite des Verlags (💻 www.conrad-stein-verlag.de) herunterladen. Suchen Sie dort nach diesem Buchtitel und gehen Sie zu dem Punkt „GPS-Tracks". Der abgebildete QR-Code führt Sie direkt zu der richtigen Seite.

📖 **GPS** *Grundlagen · Tourenplanung · Navigation* von Michael Hennemann, Basiswissen für draußen, Conrad Stein Verlag, ISBN 978-3-86686-769-7, € 12,90

Schöner langer Sandstrand in Laxe (4. Etappe)

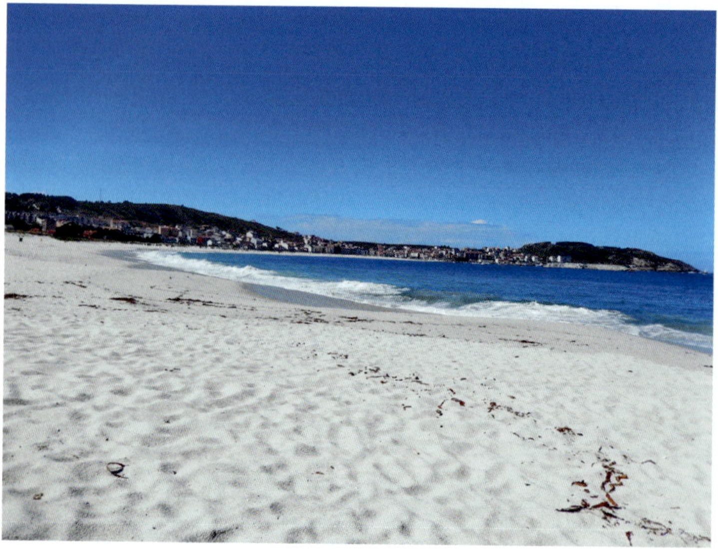

Klima und Reisezeit

Die beste Jahreszeit ist zwischen Juni und Oktober. Galicien ist bekannt für die grüne Vegetation und das milde, aber auch feuchte Klima. Durch die Meeresströmung kann es zu kurzfristigen Wetterumschwüngen kommen. Im Frühjahr und Herbst kann es noch kalt sein, im Sommer geht die Zahl der Regentage zurück. Am Meer wird Ihnen sicherlich immer eine frische Brise entgegenkommen, was in den Sommermonaten sehr angenehm sein kann.

Medizinische Versorgung

Bei einem Unfall oder Krankheit sind gesetzlich Versicherte über die Europäische Krankenversicherungskarte (EHIC) versichert, allerdings wird nur die unmittelbar erforderliche medizinische Versorgung übernommen. Es ist daher auf jeden Fall zu empfehlen, eine Auslandskrankenversicherung abzuschließen. Diese erhalten Sie für einen geringen Beitrag bei Ihrer Bank oder einer Versicherungsgesellschaft.

Bei privaten Krankenversicherungen sind die Leistungen für Auslandsaufenthalte sehr unterschiedlich. Ein Anruf bei Ihrer Krankenkasse ist hier ratsam; diese kann Ihnen alle Details und Ihren persönlichen Leistungsumfang nennen.

Erste Hilfe bei medizinischen Problemen bekommen Sie in Spanien in Gesundheitszentren und beim Roten Kreuz, in den größeren Städten finden Sie Ärzte und auch Krankenhäuser. Bei ernsthaften Beschwerden oder Verletzungen suchen Sie bitte einen Arzt auf (*médico*). Lassen Sie bitte ernstere Probleme nicht von Laien oder Freiwilligen behandeln.

In jedem größeren Dorf oder kleinen Städten finden Sie Apotheken. Die spanischen Preise für Medikamente liegen etwas unter dem deutschen Niveau. Sie benötigen daher für diese Reise nur eine kleine Reiseapotheke mit den wichtigsten Medikamenten (z. B. für Grippe, Durchfall oder Schmerzen) und Ihre persönlichen Medikamente.

Wunden Stellen an den Füßen oder Beinen können Sie durch Einreiben mit Hirschtalg oder einer Fettcreme vorbeugen. Blasen sind unangenehm und können jede Reise zur Qual werden lassen. Daher sind gut eingelaufene

Wanderschuhe und gute Wandersocken sehr wichtig. Sollten Sie Druckstellen spüren, kleben Sie sie direkt mit Leukoplast ab, sodass sich keine Blase bilden kann. Sollte sich doch eine Blase gebildet haben, können Sie diese mit einem Blasenpflaster versorgen. Das Blasenpflaster eignet sich nur für geschlossene Blasen. Hat sich die Blase geöffnet, sollten Sie vorsichtig damit umgehen und die Stelle gut mit einem normalen Pflaster oder einer Kompresse versorgen, damit sich die Blase nicht entzündet. Eventuell laufen Sie mit anderen Schuhen weiter oder gönnen sich einen Tag Pause.

Notruf

Die allgemeine Notrufnummer lautet 112 (mehrsprachig).

Post

In den Städten und in jedem größeren Dorf finden Sie eine Poststelle oder einen Postkasten. Ein Brief oder eine Postkarte ins europäische Ausland kostet € 0,95. Ihre Post kommt innerhalb Europas in der Regel innerhalb von 2 bis 5 Tagen an.

Radfahrer

Der Camiño dos Faros ist aufgrund seiner Wegbeschaffenheit kein Radwanderweg. Es geht oft über steinige, felsige Abschnitte und auch direkt über den Strand, dies wäre selbst mit einem guten Mountainbike und einer hervorragenden Kondition nicht machbar. Sie müssten zu oft das Rad auf den Schultern tragen, was sicherlich den Spaß an Ihrem eigentlichen Vorhaben, dem Radwandern, verderben würde.

Sprache

In Spanien ist es nicht unbedingt notwendig, fließend Spanisch zu sprechen. Wenn Sie den Einheimischen mit ein paar gängigen Worten in Spanisch entgegenkommen, zeigen Sie, dass Sie das Land und die Kultur wertschätzen. In ländlichen Gegenden wie denen, durch die dieser Weg verläuft, kann es durchaus vorkommen, dass Ihnen die Einheimischen auch mit ein paar Sätzen in Deutsch begegnen, diese Sprachkenntnisse kommen noch aus den Gastarbeiterzeiten in Deutschland.

Englischkenntnisse sind von Vorteil, helfen Ihnen aber auf dem Land oft nicht weiter. Vielerorts spricht man in Spanien verschiedene Dialekte, so auch in Galicien. Seien Sie daher nicht überrascht, wenn Sie nicht jedes Wort auf Anhieb verstehen.

Telefon und Internet

Spanien hat ein sehr gut ausgebautes Handynetz. Die guten alten Münztelefone findet man nur noch selten. Wenn Sie viel telefonieren möchten, so bietet es sich an, eine spanische SIM-Karte zu erwerben, diese kostet in der Regel € 15 bis 20 (inkl. Startguthaben).

Festnetznummern beginnen in Spanien mit einer 9, Handynummern mit einer 6. Die Landesvorwahl für Deutschland lautet 00 49, für Österreich 00 43 und für die Schweiz 00 41. Spanien hat die Landesvorwahl 00 34.

Sie werden auch in ländlichen Gegenden oft das Wort „WiFi" lesen. Genau wie das Handynetz ist auch das Angebot an WLAN in Spanien sehr gut. Viele Bars und Restaurants bieten kostenloses WLAN an, Sie erkennen das oft an einem kleinen Schild „WiFi free". Sie können gerne nach dem „WiFi-Code" fragen und sich über Ihr Smartphone ins Internet einwählen.

Unterkünfte

🛏 Auf dem Camiño dos Faros finden Sie verschiedene Übernachtungsmöglichkeiten: Hotels, Pensionen oder auch Casa Rurales (Landhäuser). Die vollständige Beschreibung und eine umfassende Auflistung aller möglichen Unterkünfte würden den Umfang dieses Wanderführers übersteigen, daher finden Sie jeweils nur eine Auswahl. Es empfiehlt sich, auch immer vor Ort in den Touristeninformationen nachzufragen.

Sie können in Pensionen oder Hotels bereits ab € 30 übernachten, je nach Ausstattung, Lage und Saison sind die Preise höher.

Auf den letzten Etappen zwischen Muxía und Fisterra können Sie auch auf günstigere Alternativen zurückgreifen. Auf diesem Wegabschnitt kreuzen Sie den Pilgerweg und deshalb gibt es viele Herbergen und Hostels. Hier können Sie bereits ab € 12 übernachten, es ist allerdings ein Schlafsack für die Übernachtung notwendig.

Entlang des Weges befinden sich auch einige Campingplätze. Ein Zelt erhöht das Gewicht Ihres Rucksackes allerdings um einiges, daher ist zu überlegen, ob Sie dies wirklich über die gesamte Strecke mittragen möchten. Wildes Campen ist in Spanien offiziell verboten. Einige Campingplätze bieten auch kleine Hütten an, in denen man übernachten kann.

Updates

Es kann immer wieder vorkommen, dass sich Inhalte und Wegbeschreibungen aufgrund der örtlichen Gegebenheiten verändern und z. B. Hinweise im Buch plötzlich veraltet sind, da die Markierungen von Zeit zu Zeit erneuert werden oder die Streckenführung an kleinen Stellen verändert wird.

Es gibt von Zeit zu Zeit Änderungen auf dem Weg. Der Conrad Stein Verlag veröffentlicht deswegen Updates zu diesem Wanderführer, die direkt von der Autorin oder von Lesern des Buches stammen. Sie finden sie auf der Verlagshomepage www.conrad-stein-verlag.de. Suchen Sie dort nach diesem Buchtitel und gehen Sie zu dem Punkt „Updates". Der abgebildete QR-Code führt Sie direkt zu der richtigen Seite.

Verkehrsmittel am Weg

In den größeren Fischerdörfern und kleinen Städten am Weg fahren täglich Busse in Richtung A Coruña und Fisterra, meist über den Knotenpunkt A Caballa. Allerdings verkehren diese teilweise nur einmal täglich. Ob Busse fahren, erkennen Sie am Symbol in den Etappenbeschreibungen. Um zu den kleineren Orten zu gelangen, bietet es sich an, ein Taxi zu rufen.

Hinweise auf Taxiunternehmen finden Sie mit dem Symbol 🚗 gekennzeichnet bei langen Etappen direkt zu Beginn der Beschreibung.

Wegmarkierungen

Der Camiño dos Faros hat ein eigenes Maskottchen, einen kleinen Trasno, einen der vielen kleinen, rothaarigen Kobolde, die hier entlang des Weges ihr Unwesen treiben. Seine kleinen grünen Füßchen markieren den Weg von Malpica zum Kap Finisterre. Darüber hinaus ist der Weg mit grünen Pfeilen oder mit einem grünen Punkt markiert. Diese finden Sie am Boden, an Hauswänden, Schildern oder auf Steinen am Wegesrand.

Die Etappen sind durch die grünen Füßchen gut markiert

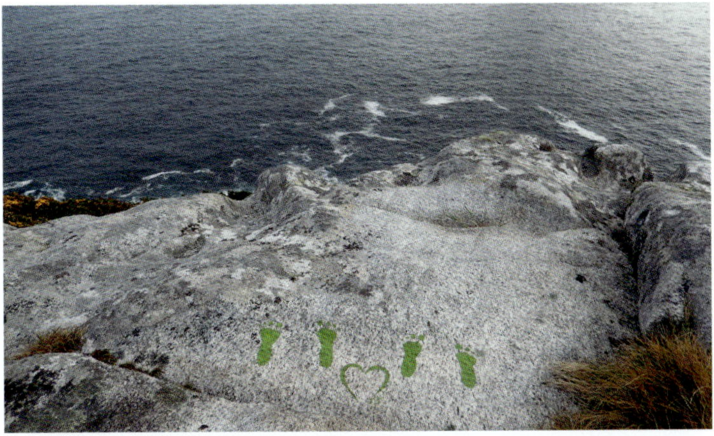

Bis auf wenige Stellen ist der Weg immer gut markiert. Ist die Wegmarkierung nicht eindeutig, so wird darauf im Text besonders hingewiesen. Bei der Überquerung von Stränden ist es an der ein oder anderen Stelle schwierig, den Einstieg auf den weiterführenden Weg auf Anhieb zu erkennen, da sich durch die Klima- und Wettereinflüsse am Meer die Gegebenheiten von Zeit zu Zeit verändern können. Auch darauf wird in der Wegbeschreibung hingewiesen.

Der Camiño dos Faros in 10 Etappen

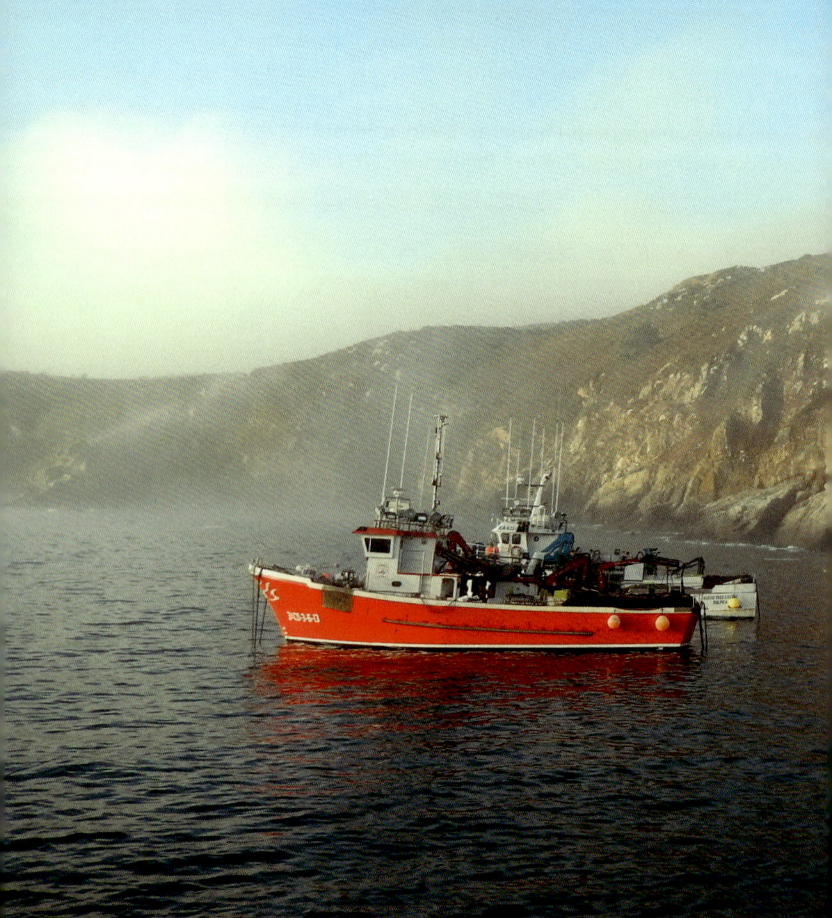

Letzte Nebelschwaden am Hafen in Malpica (1. Etappe)

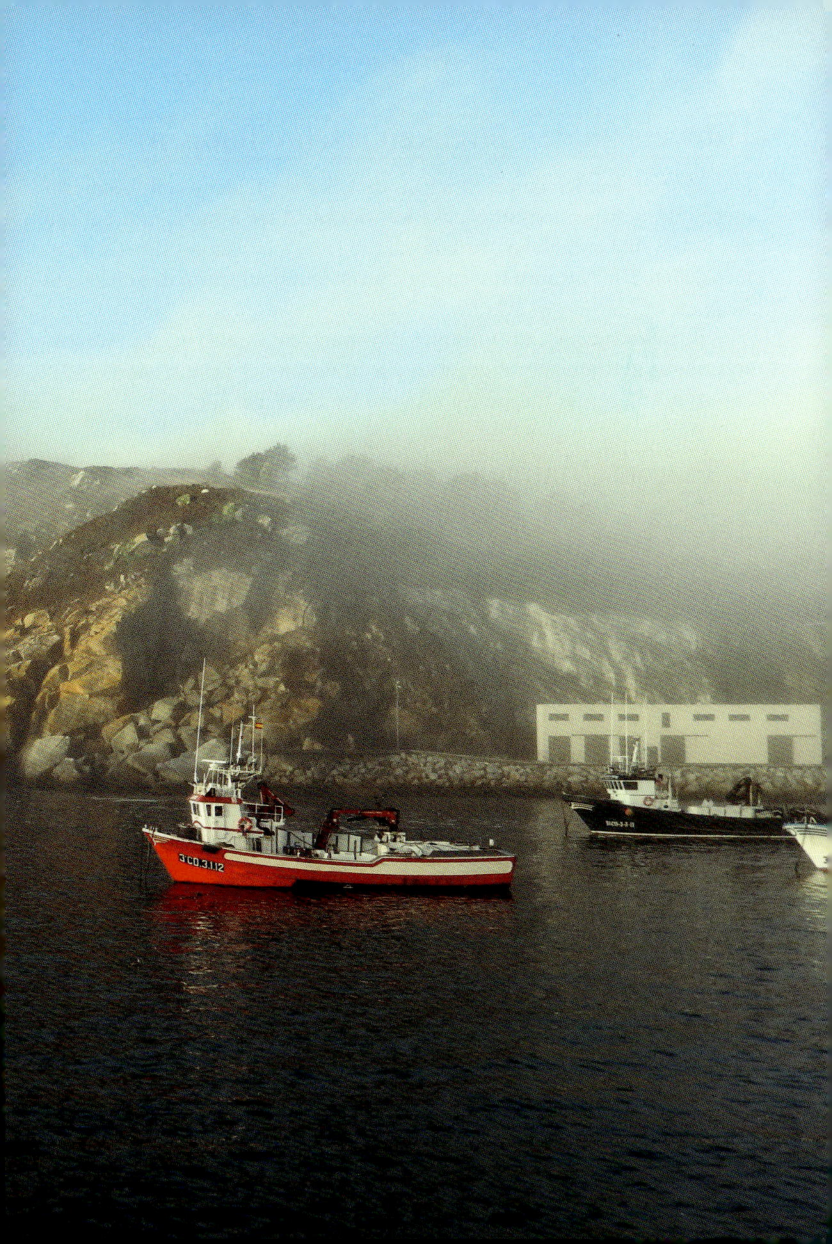
3ªCO.3.1.12

Hinweis zu den Streckenbeschreibungen

Die Etappen wurden so beschrieben, dass Sie am Ende jeweils eine oder mehrere Übernachtungsmöglichkeiten finden. Auch Unterkünfte entlang der Route sind aufgeführt. So können Sie jede Tagesetappe selbst zusammenstellen. Die Angaben finden Sie jeweils im Infoblock zu den einzelnen Etappen.

Kilometerangaben zu wichtigen Wegpunkten werden in der Wegbeschreibung in Klammern angegeben. Sie beziehen sich jeweils auf die Strecke vom Anfang der Etappe bis zum erreichten Wegpunkt.

1. Etappe: Malpica – Barizo

14,2 km, 5 Std., ↑ 210 m, ↓ 200 m, ⇧ 0-72 m

0,0 km	⇧ 0 m	Malpica
2,6 km	⇧ 3 m	Praia de Seaia
4,1 km	⇧ 72 m	Cabo de San Adrian
8,7 km	⇧ 37 m	Beo
10,9 km	⇧ 4 m	Praia de Seiruga
13,1 km	⇧ 6 m	Pensionen Casa da Vasca und As Garzas
14,2 km	⇧ 2 m	Barizo

Der Camiño dos Faros zeigt sich mit dem kleinen Hafenstädtchen Malpica gleich zu Beginn von seiner schönsten Seite. Über schöne Wanderwege wird das Cabo de San Adrian erreicht, von dem Sie einen herrlichen Blick auf die Inseln Sisargas haben. Die Etappe verläuft weiter immer leicht bergauf und bergab an mehreren Stränden und kleinen Dörfern vorbei. Der Weg zieht sich durch die hügelige Landschaft, vorbei an zahlreichen Buchten, an denen Sie die Brandung und das raue Meer ganz nah erleben können.

In Seiruga finden Sie ein Restaurant zum Einkehren und viele Rastplätze entlang des Weges, die zu einer Pause einladen. Auf schmalen Pfaden umrunden Sie mehrere Landzungen, bevor Sie die kleine Siedlung Barizo mit einem tollen Strand erreichen.

*Bitte decken Sie sich in Malpica mit genügend Proviant für die ersten beiden Etappen ein. Den nächsten Supermarkt finden Sie erst wieder in Corme Porto (**Etappe 2: Barizo – Corme Porto**).*

Malpica

Concello de Malpica de Bergantiños, Calle Emilio Gonzales López 1, 15113 Malpica de Bergantiños, 981 720 001, correo@malpicadebergantinos.es, www.concellomalpica.com, Mo-Fr 8:30-15:00

Hostal J.B., Calle de Playa 3, 15113 Malpica de Bergantiños, 981 721 906 oder 647 696 795, info@hostaljbmalpica.com, www.hostaljbmalpica.com, Ü EZ € 39, DZ € 50-55, F € 5, am Weg, sehr gepflegte, direkt am Strand gelegene Pension, gutes Preis-Leistungs-Verhältnis. In der hauseigenen Bar gibt es morgens das typisch spanische Frühstück: frischen café con leche, dazu Croissants oder Toast.

Hotel Fonte do Fraile, Avda. Canido 9, 15113 Malpica de Bergantiños, 981 720 732, info@hotelfontedofraile.com, www.hotelfontedofraile.com, Ü EZ € 44-60, DZ € 60-120 (je nach Saison), F € 5-8, direkt am Weg, etwa 550 m von der Stadtmitte entfernt am Strand Praia Canido (Wegbeschreibung), sehr gepflegtes Hotel, Pool, Terrasse, großer Garten, Frühstück in der hauseigenen Cafeteria möglich

♦ **Pension Panchito**, Plaza Anselmo Villar Amigo 5, 15113 Malpica de Bergantiños, 981 720 307, www.pensionpanchito.com, Ü EZ/DZ € 50-55 (je nach Saison), direkt in Malpica (unweit vom Hafen), einfache und saubere Unterkunft, gutes Preis-Leistungs-Verhältnis

Die Gemeinde Malpica de Bergantiños, auch kurz Malpica genannt, ist der nordöstlichste Punkt der Costa da Morte. Ursprünglich gehörte das Städtchen zu den Orten, in denen die Walfänger zu Hause waren. Heute fahren die Fischer nicht mehr zum Walfang auf das Meer hinaus, sondern um vor allem die hier vorkommenden Sardinen und andere Fischarten zu fangen. Früher waren hier viele Sardinenfabriken angesiedelt, inzwischen wurden diese durch Tiefkühlanlagen ersetzt. Um die Mittagszeit wird der Fang im Hafen versteigert und die örtlichen Restaurants damit versorgt. Spezialitäten sind Fischeintopf, Sardinen, verschiedenste Meeresfrüchte und auch Tintenfisch, *pulpo*. Nach getaner Arbeit treffen sich heute noch Fischer in der Casa do Pescador, einer alten, urigen Bar direkt am Hafen von Malpica. Die Innenwände sind mit Malereien von Urbanos Lugis verziert und zeigen verschiedenste Meeresmotive.

Zu dem kleinen Städtchen gehören auch die vorgelagerten Islas Sisargas. Diese Inseln sind das reinste Vogelparadies und beheimaten auch geschützte Arten, wozu unter anderem die Iberische Trottellumme zählt. Die Inseln sind für Besucher deshalb offiziell nicht zugänglich. Es wird kein öffentlicher Transfer per Schiff auf die Inseln angeboten. Nur private Anbieter fahren von Zeit zu Zeit auf die Insel.

Ende August findet zu Ehren der Schutzheiligen der Fischer, der Virgen del Carmen, eine Prozession statt. Mit Blumen geschmückte Boote fahren zu den Inseln, um der Menschen zu gedenken, die auf dem Meer ihr Leben verloren haben.

Sehenswert ist in Malpica die Kirche San Juan de Malpica, in der neben schönen Heiligenbildern auch Fischerbootminiaturen ausgestellt werden.

Startpunkt des Camiño dos Faros

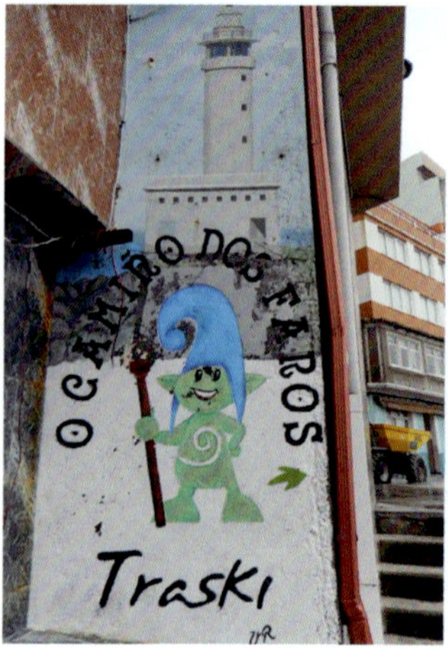

Der Startpunkt des Camiño dos Faros befindet sich im Hafen von Malpica, direkt am Ende des Hafenbeckens. Sie finden dort keinen klassischen Leuchtturm, den man von vielen Postkarten und Bildern kennt, sondern einen kleinen elektronischen Leuchtturm direkt im Hafen. Hier beginnt Ihre Wanderung auf dem Camiño dos Faros. Sie gehen vom Leuchtturm Richtung Stadt zurück und erreichen nach 450 m rechter Hand die Fischauktionshalle. An dieser gehen Sie vorbei und erreichen das Ende des Hafenbeckens. Hier halten Sie sich rechts und gehen an einer Mauer die Straße leicht bergauf.

☺ An der Mauer sehen Sie auch den ersten grünen Pfeil, der Sie neben den kleinen Fußabdrücken und Punkten die nächsten Tage begleiten wird.

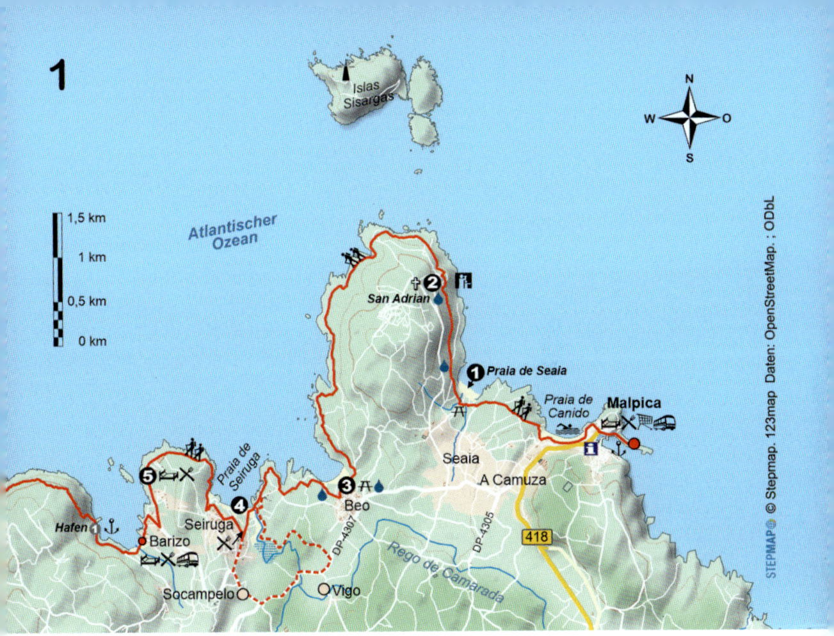

Oben an der Straße angelangt gehen Sie zunächst einmal rechts, vor einem Steinkreuz überqueren Sie die Straße und gehen links in die Rúa Nestra Ramona. Nach weiteren 100 m geradeaus kommen Sie am Ende der Straße über mehrere Stufen, die nach links verlaufen, zum Beginn des Strandes von Malpica. An einigen Bars, Cafés und dem Hostal J.B. vorbei erreichen Sie auf einer gut ausgebauten Strandpromenade nach 550 m das Ende des Strandes. Unmittelbar hinter einem kleinen Felsvorsprung, den Sie über den gepflasterten Weg überqueren, gelangen Sie an den Strand **Praia Canido**. Hier finden Sie die Unterkunft Fonte do Fraile.

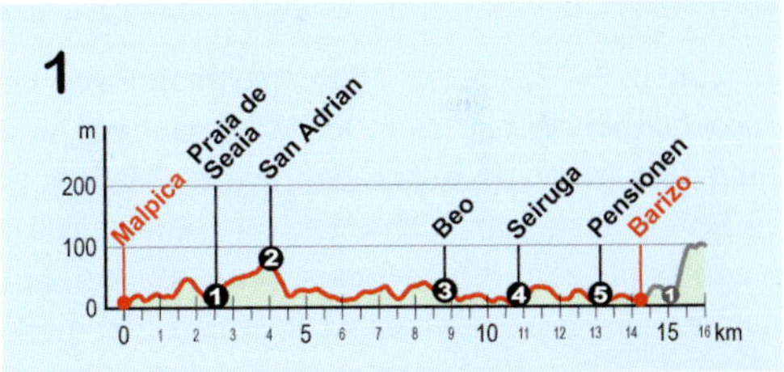

Am Ende des gepflasterten Weges gehen Sie rechts und folgen für weitere 200 m einem schmalen Weg, der mit Steinplatten ausgelegt ist, vorbei

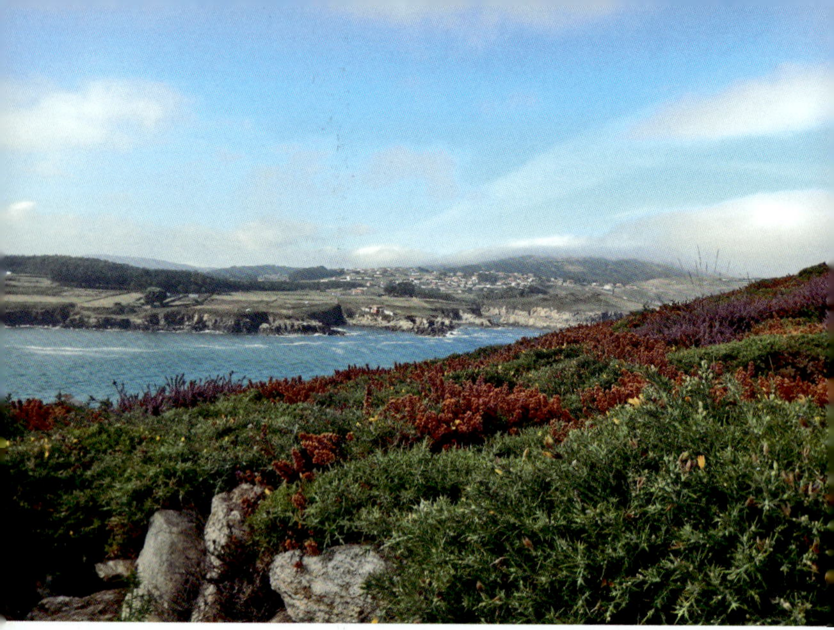

Schöner Blick zurück nach Malpica

an einem ⩩ Rastplatz. Dieser schmale Weg endet in einem Pfad, der zunächst bergab und dann leicht bergauf bis zu einer großen Steinmauer führt. Sie gehen zwischen den beiden Mauern den Berg hinauf und auf einem gut ausgebauten Kiesweg für 1 km zunächst leicht bergauf und dann hinunter bis zum Strand **Praia Seaia** ❶ (km 2,6). Sie steigen die Stufen hinunter und erreichen den ⩩ Rastplatz, der direkt am Strand liegt. Direkt hinter dem Rastplatz geht es über mehrere Holzpfade weiter, die in einen schön ausgebauten Wanderweg übergehen. Über diesen Kiesweg erreichen Sie nach 400 m zunächst den 💧 Brunnen **Fonte de Navenllos** und nach einem weiteren Kilometer die kleine ✞ Kirche San Adrian und das **Cabo de San Adrian** 💧 ❷ (km 4,1). In den Abendstunden können Sie hier einen fantastischen Blick auf Malpica genießen.

✞ Die Pilgerkapelle Cabo de San Adrian wurde zu Ehren des heiligen Adrian Ende des 16. Jahrhunderts erbaut. Am 16. Juni bzw. dem darauffolgenden Sonntag findet eine Prozession zu der kleinen Kapelle auf dem

Cabo de San Adrian statt. Von Malpica aus wird eine geschmückte Statue des Heiligen die 2,5 km hinaufgetragen und so des Heiligen gedacht. Die Legende besagt, dass Adrian Malpica aufsuchte, um eine schreckliche Schlangenplage zu bekämpfen. Ein großer Teil der damaligen Grafschaft war von der Schlangenplage betroffen. Der Legende nach vertrieb er die Schlangen, indem er während einer Predigt mit seinem Fuß stampfte. Die Schlangen verschwanden unter einem Stein und wurden dort versteinert. Heute kann an dieser Stelle bei Ebbe immer noch der besagte Stein bewundert werden.

Direkt an der Aussichtsplattform am Cabo de San Adrian gehen Sie rechts nach unten und überqueren mehrere flache Steinfelsen. Sie gehen halb links bergab, der Weg wird nun etwas schmaler und verläuft zwischen den Hängen, die mit Ginster bewachsen sind. Nach 900 m erreichen Sie die Spitze der Landzunge und sehen vor sich die Inseln Sisargas mit dem gleichnamigen Leuchtturm.

Der **Faro Sisargas** wurde um 1919 erbaut und ist für die Schifffahrt ein wichtiger Wegweiser. Bis vor wenigen Jahren war der Leuchtturmwärter direkt auf der Insel stationiert und musste hier zwei Wochen alleine seinen Dienst verbringen, bevor er abgelöst wurde. Die Klippen rund um den Faro Sisargas sind über 100 m hoch.

Sie halten sich immer weiter leicht links und wandern die Landzunge entlang.

☺ Bereits jetzt können Sie bei guter Sicht schon bald rechter Hand in der Ferne den Faro Punta Nariga sehen.

Sie umrunden nach 400 m eine kleine Bucht und gehen immer entlang der Landzunge. Nach einem Wasserlauf wandern Sie weiter auf dem schmalen Pfad 500 m bergauf, bis Sie nochmals eine Bucht umrunden. Vor Ihnen taucht nun in der Ferne das kleine Dorf Seiruga auf. Der Weg verläuft immer leicht bergauf und bergab, wird immer breiter und geht in einen Fahrweg über. Nach 1,2 km gehen Sie nach rechts. Diese Stelle ist etwas unübersichtlich, achten Sie hier auf die Wegzeichen am Boden. Sie folgen dem schmalen Pfad für weitere 500 m zwischen zwei Steinmauern hindurch und immer weiter bergauf. Oben angekommen überqueren Sie einen weiteren Wasserlauf. Direkt dahinter geht es nun sehr steil nach oben. Nach 50 m folgen Sie der Markierung weiter nach rechts und unmittelbar nach weiteren 50 m wird der Weg nochmals nach rechts verlassen. Sie wandern zwischen zwei Steinmauern leicht bergauf weiter. Der Weg ist hier an manchen Stellen sehr dicht mit Farn und anderen Sträuchern bewachsen. Nach weiteren 700 m bergauf wird der Weg immer breiter und kurze Zeit später nach rechts auf eine Asphaltstraße verlassen. Es geht auf dieser Asphaltstraße für 200 m wieder bergab und dann erreichen Sie den Strand in **Beo** ❸ (km 8,6) und den oberhalb von ihm liegenden ⩪ Rastplatz mit 💧 Wasserstelle.

Strand in Beo

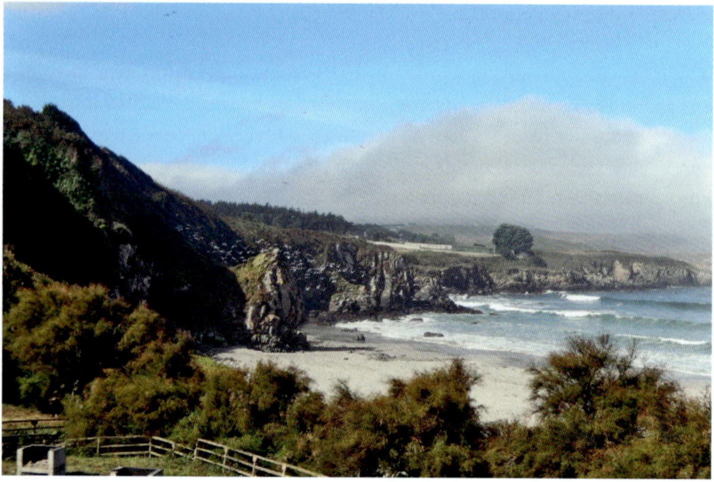

Nach einer ausgiebigen Pause am Strand von Beo verlassen Sie diesen entweder über die steile Treppe, die direkt vom Strand nach Beo führt (✋ diese war zuletzt sehr baufällig), oder über die oberhalb liegende Straße, von der Sie den Strand betreten haben, gehen nach rechts und erreichen Beo. Sie durchqueren die kleine Ortschaft und verlassen diese nach 200 m am Ortsende nach rechts. Sie gehen weiter bergab und gelangen vorbei an einem schönen Steinkreuz wieder zurück ans Meer. An einem 💧 Brunnen mündet der Weg nun wieder in einen schmalen Pfad. Rechts sehen Sie nochmals den Strand von Beo.

Über den Klippen führt der schmale Pfad 100 m weiter und trifft dann auf eine breitere Straße. Sie gehen weiter leicht bergauf. Bereits nach 500 m wird die Straße wieder nach rechts in eine weitere geteerte Straße verlassen, die Sie aber bereits nach 100 m wiederum nach rechts auf einen Pfad verlassen. Sie erreichen eine Steinmauer, die Sie überqueren. Links vor Ihnen tauchen nun die ersten Häuser von Seiruga auf. Dem Wegverlauf folgend erreichen Sie nach 600 m den Strand von **Seiruga** ✕ ❹ (km 10,9).

✋ Direkt bevor Sie den Strand betreten, wird ein kleiner Zufluss überquert. Bei Ebbe ist dies kein Problem, bei Flut ist hier Vorsicht geboten und von einer Durchquerung abzuraten, das Wasser kann dann an einigen Stellen sehr hoch werden. Um diesen Wasserlauf zu überwinden, hilft somit entweder: Schuhe und Socken aus, die Hosen hochkrempeln und los geht's. Passen Sie bei der Überquerung auf, die Steine können rutschig sein und der Sand unterspült. Oder wenn Sie den Zulauf aufgrund eines zu hohen Wasserstandes nicht überqueren möchten, halten Sie sich vor dem Zulauf links und gehen auf einem Pfad ca. 700 m entlang. Der Weg wird breiter und nach 250 m biegen Sie rechts ab und kommen nach weiteren 550 m zu einer Asphaltstraße. Dieser folgen Sie nach rechts und biegen nach 1 km noch mal rechts Richtung Seiruga ab. Der gesamte Umweg beträgt ca. 3,5 km.

Sie wandern nach der Überquerung des Zuflusses direkt geradeaus für 200 m über den Strand und über eine Sanddüne. Hinter dieser Düne wird ein Holzpfad erreicht, auf dem Sie bis zu seinem Ende an einer Asphaltstraße gehen. Der Straße 150 m nach oben folgend erreichen Sie das ✕ Restaurant Seiruga (🚪 zuletzt nur Sa 13:00-17:00 und 20:00-17:00 sowie So 13:00-17:00 geöffnet. Die Öffnungszeiten sind je nach Jahreszeit und Witterung sehr schwankend).

Seiruga ist von dem Naturschutzgebiet „Xuncal de Martel“ umgeben. Dieses bietet einer Vielzahl verschiedenster Tiere Lebensraum. Besonders von Enten, Reihern und auch Seeottern wird dieses Gebiet als Rückzugsort bevorzugt.

Hinter dem Restaurant wird die Straße nach rechts verlassen. Nach 250 m geht es links über einen schmalen Pfad 100 m steil hinauf, bis Sie eine Landstraße erreichen, dieser folgen Sie für 200 m nach rechts. Sie endet in einem schmalen Pfad, auf dem Sie 50 m bis zu einer Asphaltstraße hinabsteigen, die zu einer kleinen Bucht führt. Hier gehen Sie nach links, die Asphaltstraße entlang und immer leicht bergauf. Oben angekommen gehen Sie weiter nach rechts und überqueren einen Bachlauf. Auf der anderen Seite sehen Sie jetzt bereits einen kleinen, schmalen Pfad, auf dem Sie nach rechts weitergehen. Sie folgen ihm zunächst leicht bergab und direkt nach 50 m halb links nach oben, oberhalb der Bucht. Der schmale Pfad verläuft für weitere 250 m direkt über den Klippen. Sie umrunden eine kleine Bucht und folgen dem Weg für weitere 300 m, bis Sie auf einen breiteren

Auf dem Weg nach Barizo

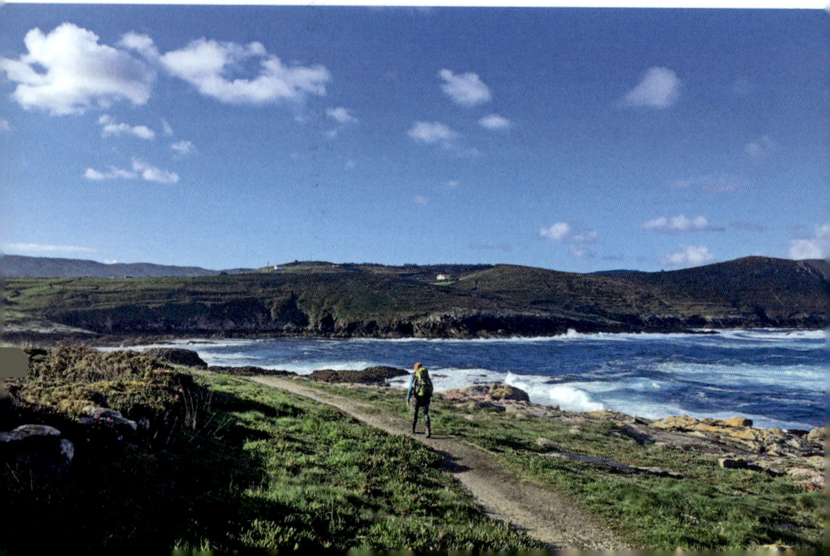

Weg gelangen, der von links kommt. Sie gehen hier geradeaus auf dem schmalen Pfad weiter. Nach 700 m gelangen Sie auf einen breiteren Schotterweg, wandern an einem Stallgebäude vorbei und erreichen nach 200 m die Pensionen Casa da Vasca und As Garzas ❺ (km 13,1).

Weiter geradeaus erreichen Sie nach 800 m eine Kreuzung. Der Weg führt auf einer schmalen Straße nach rechts und nach weiteren 200 m nach links auf einen Pfad. Vorbei an mehreren Häusern und einer hohen Steinmauer erreichen Sie nach 250 m den Beginn des Strandes von **Barizo**. Sie steigen über große Steine und Felsen hinab und betreten den Strand (km 14,2).

Barizo

Casa da Vasca, Porto de Barizo 42, 15113 Malpica-Barizo, ☏ 981 721 960 oder 608 583 654, reservas@casadavasca.com, www.casadavasca.com, Ü EZ/DZ ab € 65, direkt am Weg, sehr gepflegte Pension mit direktem Blick auf den Atlantik. Frühstück ist im Restaurant möglich (€ 5-7), das auch sehr gute Fischspezialitäten anbietet.

♦ **As Garzas**, Porto Barizo 40, 15113 Malpica-Barizo, ☏ 981 721 765, info@asgarzas.com, www.asgarzas.com, ÜF EZ/DZ ab € 100 (je nach Saison), direkt am Weg, sehr schönes Hotel, direkter Blick auf den Atlantik. Das Hotel bzw. das Restaurant wurde mit einem Michelin-Stern ausgezeichnet und bietet sehr gute regionale Speisen und Fischspezialitäten an.

♦ **Casa da Sebe**, O Castro Barizo, 15113 Malpica-Barizo, ☏ 981 721 090 oder 618 289 052, info@casadasebe.net, www.casadasebe.net, Ü EZ/DZ ab € 68, ca. 900 m vom Weg entfernt am anderen Ende des Ortes, sehr schönes Landhaus mit gemütlichem Aufenthaltsraum, Pool und einem schönen Garten, F € 7, Getränkeautomat. Im Restaurant werden gute regionale Speisen angeboten und der Inhaber verkauft auf Nachfrage auch ein kleines Lunchpaket für den nächsten Tag.

Barizo ist eine sehr lang gezogene und zerstreute Siedlung mit einem schönen Strand. Neben den beiden Restaurants, an denen Sie auf dem Weg vorbeigekommen sind, gibt es leider nicht viel zu sehen. Ein Spaziergang durch das Dorf und entlang des Meeres lohnt sich trotzdem. Das Restaurant in der Unterkunft As Garzas wurde sogar mit dem Michelin-Stern ausgezeichnet und bietet ein hervorragendes Essen an.

2. Etappe: Barizo – Corme Porto

23,8 km, ca. 8,5 Std., ↑ 530 m, ↓ 540 m, ⇧ 2-136 m

0,0 km	⇧	2 m	Barizo
0,8 km	⇧	5 m	Hafenanlage Barizo
4,0 km	⇧	22 m	Faro Nariga
7,7 km	⇧	5 m	Playa Niñons
9,8 km	⇧	8 m	Santamariña
17,0 km	⇧	125 m	O Roncudo
20,4 km	⇧	5 m	Faro Roncudo
23,8 km	⇧	10 m	Corme Porto BANK

Diese Etappe ist wohl eine der anstrengendsten Teilstrecken auf dem Camiño dos Faros. Sie ist sehr lang und es gibt nur eine Wasserstelle in O Roncudo. Direkt zu Beginn verläuft der Weg über einen schmalen, steinigen und vor allem steilen Anstieg zum Leuchtturm Faro Nariga. Danach wird die Wegstrecke etwas angenehmer und es werden die Strände in Niñons und Santamariña erreicht. Ein enger und steiler Weg führt bis nach O Roncudo und dann wieder hinunter zum Faro Roncudo.

Diese Etappe verlangt sehr viel Ausdauer und Kondition, die Ausblicke und die beiden Leuchttürme entschädigen Sie aber auf jeden Fall für die Anstrengung.

Bitte decken Sie sich mit genügend Proviant ein und füllen Sie in Barizo nochmals Ihre Wasserflaschen auf. Es gibt auf dieser Etappe keine Einkehrmöglichkeiten und nur eine Wasserstelle.

Diese Etappe ist sehr lang und konditionell sehr anspruchsvoll. Sollte es Ihre Kondition nicht zulassen, die ganze Strecke zu laufen, oder sich das Wetter verschlechtern, gibt es die Möglichkeit, ein Taxi anzufordern (Taxi Malpica, ☏ 673 651 418; Taxi Camino dos Faros, 613 041 499 oder 613 076 264, www.taxicaminodosfaros.com). Gute Abholorte sind der Strand von Niñons, das Dorf Niñons oder das Dorf O Roncudo.

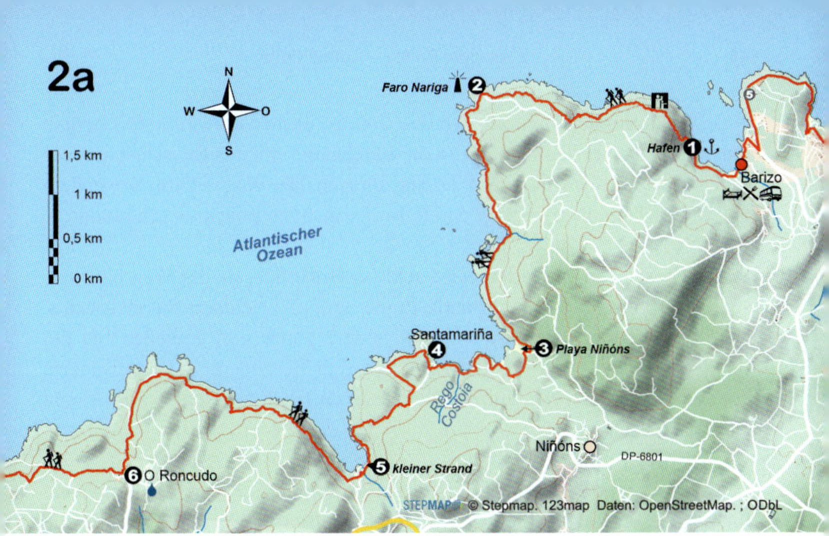

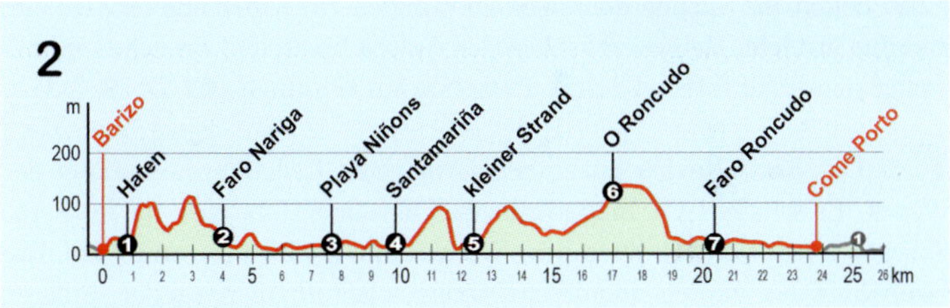

Sie überqueren den Strand in Barizo und treffen auf der gegenüberliegenden Seite auf einen kleinen Parkplatz. Hier gehen Sie rechts, steigen einen kleinen, steilen, mit Eukalyptus bewachsenen Hang hinauf und treffen nach 400 m auf eine breite Asphaltstraße, auf der Sie nach rechts weitergehen. 400 m weiter erreichen Sie den **Hafen von Barizo ❶** (km 0,8). Sie durchqueren die Hafenanlage vorbei an kleinen Reihenhäusern, in denen die Fischer ihre Fangutensilien aufbewahren. An der hinteren Hafenmauer führt ein kleiner, steiniger und sehr steiler Weg links nach oben, diesem folgen Sie zwischen Sträuchern und großen Felsbrocken hindurch immer steiler hinauf. Nach 400 m erreichen Sie einen Aussichtspunkt. Hier haben Sie eine traumhafte Aussicht über Barizo. Die nächsten 400 m, die Sie den Pfad entlanggehen, sind zunächst weniger steil und steigen gegen Ende immer mehr an. Weitere 700 m führt er teilweise steil bergab immer direkt über den Klippen an der Landzunge entlang. Sie sehen nun vor sich mehrere große Felsen, auf die Sie zugehen. Der Weg verläuft für weitere 600 m oberhalb dieser Felsen und teilweise auch zwischen diesen hindurch.

Dieser Teil ist stellenweise sehr beschwerlich, da der Weg über felsige Abschnitte und sehr schmale Pfade verläuft. Nehmen Sie sich genügend Zeit, machen Sie die ein oder andere Pause und genießen Sie die schöne Aussicht. Von einigen Anhöhen und Felsen, die Sie erwandern, können Sie in der Ferne immer wieder einen Blick auf den Faro Punta Nariga erhaschen.

Nach Durchquerung der Felsformation folgen Sie dem Pfad zunächst für weitere 450 m nochmals bergauf und treffen immer wieder auf große Felsbrocken, die Sie überqueren und umrunden. Sie haben nun eine weitere Anhöhe erreicht, steigen zwischen den Felsen hinab und erreichen immer weiter dem Pfad folgend den **Faro Nariga ❷** (km 4) (S. 2-3).

Der **Faro Nariga** ist einer der jüngsten Leuchttürme entlang des Weges. Er wurde 1997 eingeweiht und hat eine Höhe von 50 m. Seine Scheinwerfer erreichen bei gutem Wetter eine Reichweite von 55 km. Die Form des Baus wurden einem Schiffsbug nachempfunden. An der vorderen Spitze wurde eine Skulptur aus Bronze, die Richtung Meer zeigt, angebracht. Es handelt sich um eine atlantische Skulptur, halb Mensch, halb Vogel, die von Manolo Coia gestaltet wurde. Der Künstler wollte, dass es so wirkt, als könne die Figur hinaus ins Meer steigen und gleichzeitig wieder zum Leuchtturm zurückkehren. Geplant wurde dieser imposante Bau von Cesar Portela.

☺ Unterhalb des Leuchtturms werden die Felsen durch das Zusammenspiel von Wasser und Wind besonders geformt. Ein sehr schönes Fotomotiv.

Vor den Stufen, die zum Leuchtturm führen, geht es links bergab auf einen schmalen Pfad. Achten Sie hier auf die Markierungen auf dem

Boden. Sie halten sich halb links und folgen ihnen 600 m zuerst oberhalb einer kleinen Bucht und dann immer entlang des Meeres. Zwischen kleineren Felsen gehen Sie steil bergauf. Nach einem steilen Abstieg zwischen den großen Felsen auf einem sehr engen, schmalen Pfad erreichen Sie nach weiteren 250 m einen breiteren Fahrweg, dem Sie geradeaus folgen. Er zweigt 400 m weiter wieder nach rechts ab. Nach weiteren 150 m gehen Sie nochmals nach rechts auf einen schmalen Pfad. Der Weg verläuft nun wieder eben und Sie treffen erneut an einer kleinen Fischerhütte auf einen Fahrweg. An dieser Hütte gehen Sie geradeaus vorbei und erreichen nach 1,2 km den Strand von **Niñons ❸** (km 7,7).

Sie gehen weiter nach rechts an einem großen weißen Haus vorbei. Dahinter halten Sie sich halb rechts und betreten den Strand. Vor Ihnen ragt ein großer Felsvorsprung in den Strand, an diesem gehen Sie entlang und umrunden ihn. So gelangen Sie nach 200 m in die dahinter liegende Bucht. Sie verlassen den Strand über einige kleinere Felsen und über einen sandigen Pfad, der geradeaus weiter, vorbei an einem Steinhaus, in einen Wald führt. Sie überqueren einen Wasserlauf und gehen nach links. Der Weg

Vor Santamariña

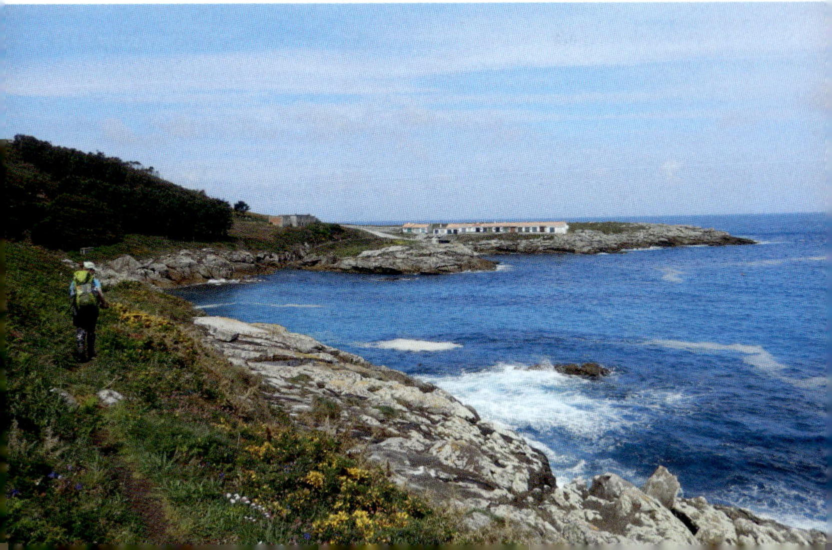

verläuft nun immer stetig bergauf durch einen schönen Kiefern- und Eukalyptuswald. Nach 250 m verlassen Sie diesen Waldweg nach scharf rechts und erreichen eine weitere kleine Bucht. Noch bevor Sie diese betreten, gehen Sie nach links und betreten einen engen Pfad, der erneut durch einen Kiefernwald verläuft. Nach 250 m wenden Sie sich nach rechts bergab und wandern direkt oberhalb der Klippen entlang. Vorbei an mehreren kleinen Buchten, die Sie alle oberhalb passieren, erreichen Sie nach 1 km eine Asphaltstraße. Hier gehen Sie nach rechts und kommen nach 200 m zum kleinen Fischerhafen **Santamariña** ❹ (km 9,8). Sie überqueren den Parkplatz und biegen vor dem ersten kleinen Fischerhäuschen nach links hinter die Mauer ab, die den Parkplatz umzäunt. Der Weg verläuft für 350 m leicht bergauf bis zu einem Steinkreuz. Direkt dahinter gelangen Sie auf eine Pferdekoppel. Sie gehen weiter nach links und lassen das Meer für kurze Zeit hinter sich.

Auf der linken Seite können Sie einen etwas merkwürdigen Pferdestall entdecken, der nur aus dicken Ästen gebaut wurde. An diesem gehen Sie geradeaus vorbei, immer leicht bergauf, bis Sie nach 250 m das Ende des Gatters erreicht haben. Sie treffen auf eine Asphaltstraße und folgen dieser nach rechts. Nach weiteren 200 m immer leicht bergauf wird die Teerstraße nach rechts auf einen schmalen Pfad verlassen. Sie gehen an einer Steinmauer entlang und halten sich halb rechts. Der Pfad wird immer schmaler und ist an der ein oder anderen Stelle sehr dicht mit Farn und anderen Sträuchern bewachsen. Sie wandern durch mehrere große Steinformationen und teilweise durch dichtes Gestrüpp, bis Sie auf einer Anhöhe angelangt sind. Ein steiler und steiniger Pfad bringt Sie durch einen mit Ginster bewachsenen Hang nach unten bis zum Meer. Der Weg verläuft auf einem schmalen Pfad wei-

Kleiner Pfad zwischen hohem Farn

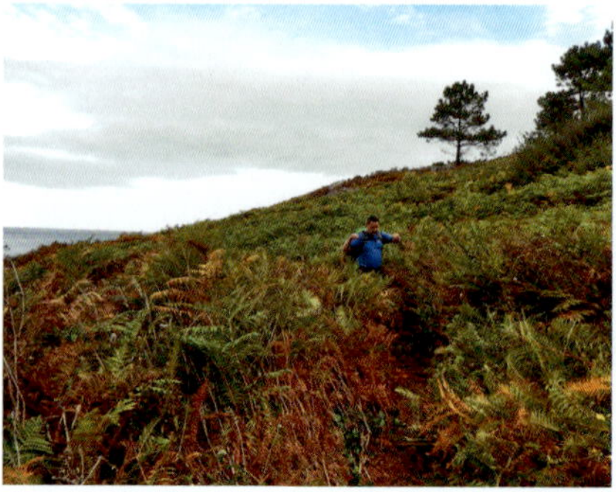

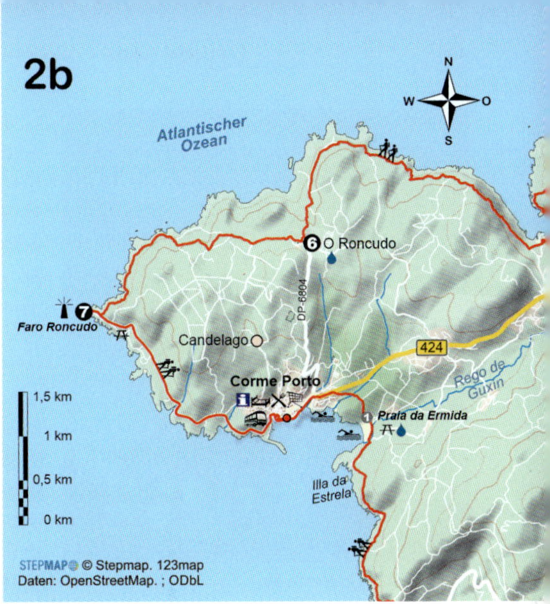

ter nach links, meist eben bis zu einem kleinen Strand ❺. Diesen überqueren Sie, gehen an den Steinhäusern vorbei und folgen der Teerstraße.

✋ Der nun folgende Abschnitt erfordert sehr viel Ausdauer, da er wieder auf sehr schmalen und teilweise steinigen Pfaden verläuft. Für die Anstrengung werden Sie an verschiedenen Stellen mit einer atemberaubenden Aussicht belohnt. Nehmen Sie sich hierfür wieder genügend Zeit und machen Sie genug Pausen.

Die Teerstraße wird nach 100 m nach rechts verlassen. Zuerst verläuft der Weg bergab, Sie biegen rechts auf einen schmalen Pfad ab und gehen zwischen den Bäumen hindurch. Achten Sie hier gut auf die Markierungen. Ein teilweise dicht bewachsener Pfad bringt Sie sehr steil nach oben und Sie halten sich wieder halb rechts. Sie bleiben auf diesem engen Pfad, der nun immer stetig steil nach oben führt. Nach 650 m gelangen Sie an einen großen Steinfelsen, von dem Sie einen unbeschreiblichen Blick auf die unterhalb liegenden Buchten und die Brandung haben. Nach weiteren 300 m auf dem engen Pfad haben Sie den ersten Anstieg dieser großen Landzunge geschafft. Es geht nun für 3,5 km immer im Wechsel bergab und bergauf oberhalb der Klippen entlang. Der Weg führt nach und nach immer weiter vom Meer weg und Sie halten sich halb links. Oben am Berg erscheinen jetzt die ersten Häuser von O Roncudo. Sie folgen dem Pfad stetig bergauf und erreichen vorbei an einer Steinmauer und einem Hórreo schließlich das kleine Dorf **O Roncudo** 💧 ❻ (km 17).

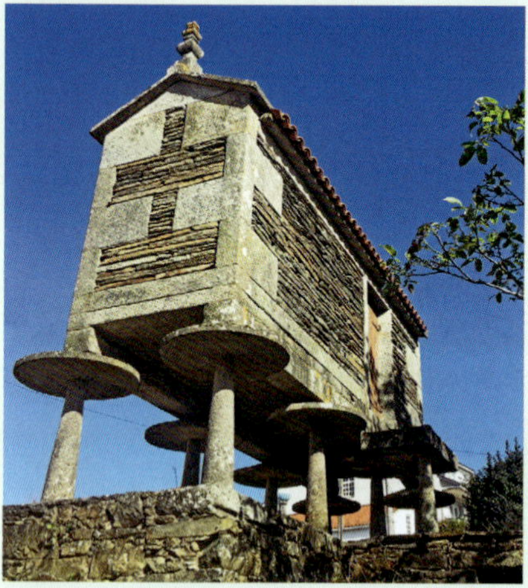

Hórreo bei O Roncudo

In Galicien sehr beliebt sind die kleinen, meist aus Stein gebauten, länglichen Häuschen mit Lüftungsschlitzen an der Seite – die *hórreos*. Diese Getreide- oder Vorratsspeicher, die Sie in den Gärten der Häuser und landwirtschaftlichen Anwesen sehen können, werden heute noch genutzt und in vielen Orten wieder neu gebaut. Die Speicher stehen auf Stelzen, sodass Mäuse und andere Tiere nicht an den kostbaren Vorrat kommen.

Sie durchqueren den kleinen Ort und gehen nach rechts auf eine asphaltierte Straße. Schon ganz nah sind direkt vor Ihnen die riesigen Windräder des Windparks von O Roncudo zu sehen. Der Asphaltweg endet in einem Kiesweg und Sie gehen weiter nach rechts. Der Kiesweg geht wiederum nach 300 m in einen engen Pfad über. Diesem folgen Sie nun für 300 m, halten sich rechts und wandern immer weiter bergauf und bergab für weitere 2 km zum **Faro Roncudo ❼** (km 20,4).

Der **Faro Roncudo** ist in seiner Form und Farbe ein eher einfacher Leuchtturm. Trotzdem verrichtet der 11 m hohe Leuchtturm seit 1920 zuverlässig seine Dienste. Die Umgebung ist sehr rau und der Turm ist von Granitsteinen umgeben. Linker Hand können Sie von hier aus bereits den Leuchtturm von Laxe erblicken.

Sie verlassen den Faro Roncudo auf der breiten Asphaltstraße und folgen dieser. Nach 250 m erreichen Sie rechter Hand einen Rastplatz, an diesem gehen Sie geradeaus vorbei.

Falls Sie sich schon gefragt haben, warum entlang des Weges immer wieder kleine weiße Steinkreuze zu sehen sind: Hierbei handelt es sich um Mahnmale und Erinnerungen an Unglücke, die entlang der Küste passiert sind. Auch auf dem Weg nach Corme Porto erinnert eines dieser weißen Kreuze an eine Schiffskatastrophe. Ein Schiff, das mit Getreide beladen war, zerschellte hier an den Klippen. Die Bewohner konnten leider nur noch die Fracht retten und einige Monate von dem Getreide leben.

Der Weg führt an diesem Steinkreuz vorbei

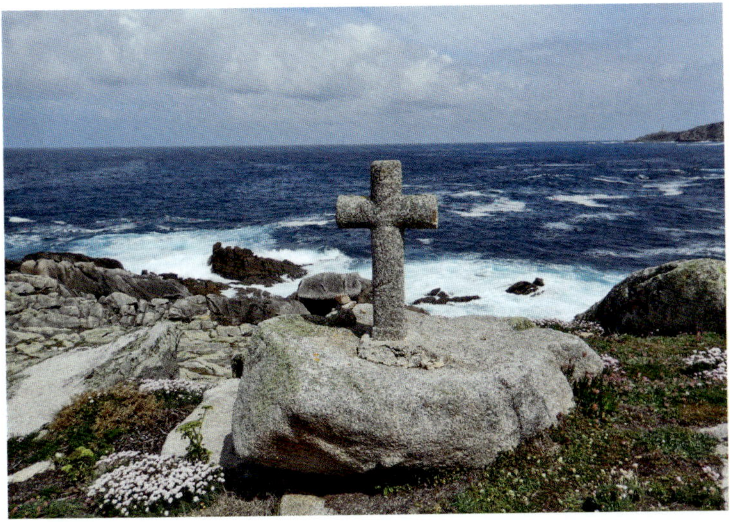

Für weitere 3 km folgen Sie der breiten Asphaltstraße und kommen dann an die Hafenmauer von Corme Porto. Sie gehen nach rechts, die Stufen hinunter und nach links immer am Hafen entlang. Nach 400 m erreichen Sie die Ortsmitte von **Corme Porto** (km 23,8).

Corme Porto

BANK

Concello de Corme, Touristeninformation, Praza Avintes 1, 15114 Corme Porto, ☏ 981 738 428, Mo-Fr 10:00- 14:00

🛏 **Apartamentos Turisticos Playa de Osmo**, Rúa A Serra, 15114 Corme Porto, ☏ 981 705 278, ✉ info@playadeosmo.com, 💻 www.playadeosmo.com, pro Apartment Ü ab € 60, direkt am Weg, gemütliche neue und gepflegte Apartments für bis zu 4 Personen mit Küche und Geschirr, Waschmaschine und Trockner verfügbar, viele Apartments mit Meerblick, 50 m zum Strand. Vor der Haustür hält morgens um 10:00 ein Bäckerwagen.

Corme Porto ist eine typische kleine Hafenstadt mit einer nicht zu übersehenden Hafenmauer. Sehenswert ist die Hafenpromenade mit einem sehr schönen und großen Brunnen, der im Sommer zu einer Abkühlung einlädt. Mehrere Bars und Cafés befinden sich im Ortskern. Corme Porto hat mehrere kleine, aber sehr schöne Sandstrände, von denen einer mitten in der Stadt liegt.

Corme und die Entenmuscheln

Entlang der Todesküste leben viele Einwohner vom Fischfang, so auch in der freundlichen Siedlung Corme Porto. Entlang des Weges können Sie in den Morgenstunden vielleicht einen der gefährlichsten Jobs der Welt beobachten: Neben Dorsch und Kabeljau werden hier auch die berühmten Entenmuscheln, *percebe*, gefangen. Diese sind in der Region und in ganz Spanien eine Delikatesse. Entenmuscheln sind schlauchförmig und haben eine sehr harte und krallenförmige Schale. Sie saugen sich an den spitzen Felsen fest, an denen die Fischer sie abzuernten versuchen. Schon viele Bewohner aus der Region haben beim Versuch, die kleinen Tierchen zu fangen, ihr Leben gelassen. Die Brandung und die spitzen Felsen machen die Arbeit so gefährlich: Immer wieder werden Fischer von hohen Wellen überrascht und kommen an den Felsen ums Leben.

In Bars und Restaurants rund um den Hafen werden Entenmuscheln oft frisch zubereitet. Sie werden nur kurz in Salzwasser gekocht und häufig mit Kartoffeln serviert. An einem der Samstage im Juli findet hier in Corme Porto das „Festa do Percebe“ statt. Im Hafen wird diese besondere Delikatesse dann kiloweise zubereitet und frisch serviert. Aber auch in anderen Orten entlang der Costa da Morte können Sie diese Spezialität genießen.

3. Etappe: Corme Porto – As Grelas

16,4 km, ca. 6 Std., 370 m, 370 m, 0-175 m

0,0 km	10 m	Corme Porto
1,7 km	3 m	Playa da Ermida
5,2 km	5 m	Playa Balarés
6,5 km	175 m	Mirador de Monte Branco
9,8 km	8 m	Ponteceso
13,8 km	0 m	Praia Urixeira 800 m: Neaño
14,9 km	0 m	A Carballa
16,4 km	0 m	As Grelas

Auf dieser Etappe können Sie das Meer und die wunderbare Aussicht über die Costa da Morte wieder in vollen Zügen genießen. Der Weg zieht sich zunächst über mehrere Kilometer am Meer entlang. Über einen steilen Anstieg, der sich durchaus lohnt, gelangen Sie auf eine Anhöhe, von der Sie die vergangenen Etappen nochmals Revue passieren lassen können und einen wunderbaren Blick zum Strand in Balarés haben. Ebenfalls sehen Sie von hier aus schon die nächste Aussichtsplattform auf dem Monte Branco. Ein schöner Waldweg bringt Sie dann wieder nach unten, bevor Sie durch ein Naturschutzgebiet Ponteceso erreichen. Sie können aber genauso gut ab Balarés eine Variante wählen, die Sie entlang der Dünen des Monte Branco ebenfalls nach Ponteceso bringt. Ab Ponteceso verläuft der Weg immer eben auf einem neu gepflasterten Weg direkt am Rio Anllóns entlang.

☺ *Lesen Sie sich vorab die Beschreibung des Weges und der Unterkünfte von Ponteceso bis As Grelas durch. Sie haben hier mehrere Übernachtungsmöglichkeiten und können so die Etappenlänge besser planen. Die letzte Übernachtungsmöglichkeit liegt zwischen den lang gezogenen Siedlungen A Carballa und As Grelas. Zur besseren Übersicht endet die Beschreibung bei As Grelas, bevor der Weg im Landesinneren weitergeht.*

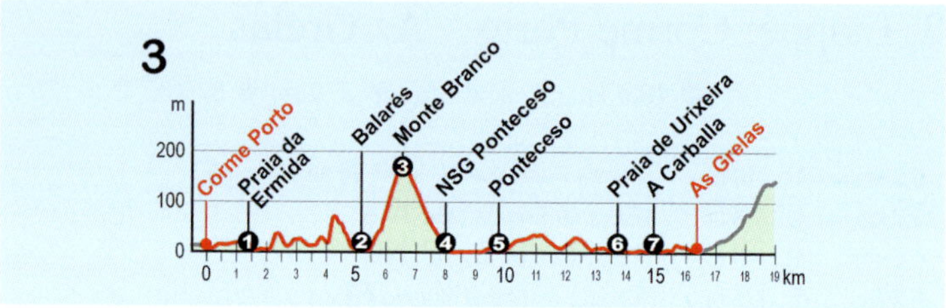

Sie gehen nach rechts an der Hafenpromenade entlang, vorbei an einem großen Brunnen. Weiter dem Weg geradeaus folgend erreichen Sie nach 500 m die Playa de Osmo. Sie gehen am Strand entlang, bis Sie dessen Ende erreicht haben. Auf der gegenüberliegenden Seite sehen Sie eine Steinmauer. An dieser gehen Sie die Stufen nach oben und gelangen nach rechts auf einen Rastplatz, den Sie durchqueren. Hier befindet sich auch der Eingang der Unterkunft Apartamentos Turisticos Playa de Osmo.

An den Apartments vorbei gehen Sie 200 m auf einem schön ausgebauten, gepflasterten Weg weiter, bis Sie an einem weiteren kleinen Strand auf eine Asphaltstraße stoßen. Hier gehen Sie nach links und folgen der Asphaltstraße für 100 m leicht bergauf. Oben angekommen wenden Sie sich nach rechts und nach weiteren 100 m direkt wieder nach rechts in eine schmale Teerstraße. Der Weg geht in einen schmalen Pfad über. Zunächst bergab folgen Sie diesem für 150 m. Nach einem kurzen steilen Anstieg wandern Sie in einem Hohlweg weiter bis zum Strand **Praia da Ermida** ❶ (km 1,7). Sie gehen nach rechts und betreten den Strand. Am anderen Ende können Sie bereits ein kleines Anwesen erkennen, das mit einer Steinmauer umrandet ist.

Sie gehen am Strand entlang und gelangen nach 250 m an eine Brücke, die Sie über einen kleinen Fluss bringt. Weiter nach rechts erreichen Sie das Anwesen und die Steinmauer und dahinter nach weiteren 150 m das Ende des Strandes. Sie halten sich hier halb links und wandern leicht bergauf an einem Waldstück entlang. Sie folgen der Markierung 900 m bis zu einer kleinen Bucht und überqueren einen Zufluss. Weitere 1,2 km führt Sie dieser enge Pfad an der Küste entlang, bis er nach halb links abzweigt. Nun geht es 300 m steil einen Hang nach oben, bis Sie an großen Steinformatio-

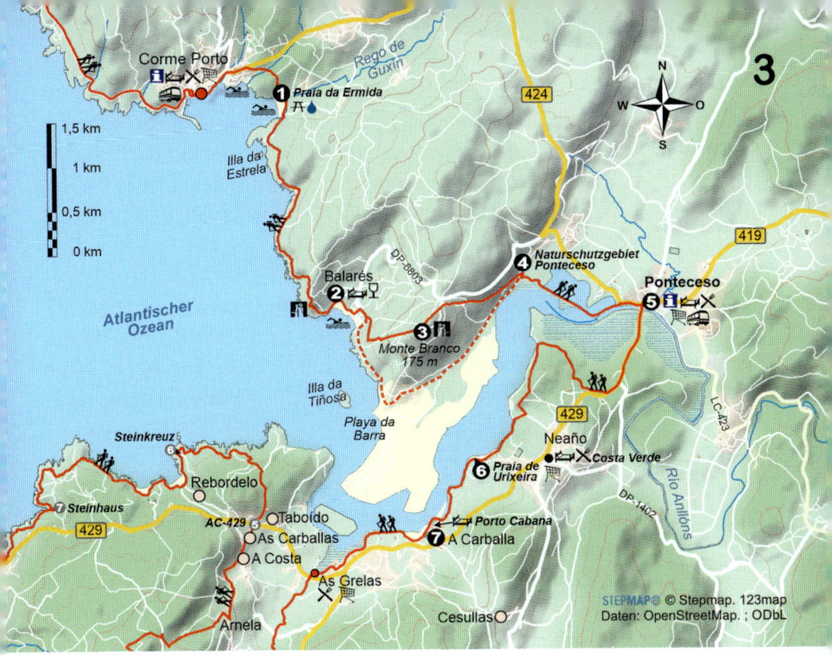

nen einen Aussichtspunkt erreichen. Von hier aus sehen Sie bereits links den Monte Branco und geradeaus das Fischerstädtchen Laxe.

Weitere 250 m geradeaus folgen Sie der Markierung, die Sie über die Anhöhe bringt. Nun führt Sie ein kurzer und steiler Abstieg bis an eine Hafenmauer. Sie überqueren die großen Wellenbrecher und kommen so direkt in das Hafenbecken am Strand von **Balarés** ❷ (km 5,2).

Am Strand in Balarés gibt es eine Strandbar, die aber nur bei gutem Wetter und in den Sommermonaten Juli und August geöffnet hat. unregelmäßig

Balarés ist ein sehr beliebtes Ausflugsziel, heute wegen des schönen Strandes, der von Pinienwäldern umgeben ist und früher wegen des Bergbaus. Leider ist heute von dieser Tradition nicht mehr viel übrig.

An dieser Stelle des Camiño dos Faros war eine der wenigen Bergbaugesellschaften angesiedelt, die Titania S.A., die 1936 gegründet wurde. Im

Jahr 1935 wurde die Mine vom Geografen Isidro Praga Pondal entdeckt. Bis 1960 wurde Titan abgebaut und exportiert. Heute sind nur noch wenige Überreste aus dieser Zeit sichtbar. Am Strand lassen sich noch der frühere Hafen sowie die Becken, in denen das rutilo (Titanoxid) vom Sand getrennt wurde, erahnen.

Sie gehen an der Strandbar vorbei und erreichen nach 50 m einen ⛼ Rastplatz, der von einem Pinienwald umgeben ist. Direkt am Beginn des Rastplatzes wenden Sie sich nach rechts und überqueren diesen. Nach 150 m treffen Sie auf eine asphaltierte Wendeplatte, die Sie ebenfalls überqueren. Dahinter betreten Sie einen Holzsteg.

🛏 **Casa Playa de Balarés**, Playa de Balarés, 15110 Ponteceso, 📱 662 145 112, Ü ab € 100, ✉ playabalares@gmail.com, 💻 www.playabalares.com, 300 m vom Strand Playa Balarés entfernt, schönes Ferienhaus für 4 Personen, mit Küche, Buchung nur für zwei Nächte möglich. Um zur Unterkunft zu kommen, gehen Sie an der oben beschriebenen Wendeplatte die Straße links hinauf und an der nächsten Kreuzung nach rechts.

♦ **A Casa de Lelo**, Playa de Balarés, 15110 Ponteceso, 📱 626 472 003, ✉ casa@acasadelelo.com, 💻 www.acasadelelo.com, Ü ab € 120, 300 m vom Strand Playa Balarés entfernt, schönes Ferienhaus für bis zu 8 Personen, mit Küche, Waschmaschine, Frühstück möglich (€ 5). Wegbeschreibung ☞ Casa Playa de Balarés

Sie verlassen den Holzsteg bereits nach 20 m wieder und gehen links einen kleinen Pfad bergauf. Sie halten sich rechts und gelangen nach 100 m wieder an den Waldrand. Für den weiteren Weg nach Ponteceso haben Sie nun zwei Möglichkeiten.

↳ Variante über die Dünen von Monte Branco

Ein etwas weniger anstrengender, dafür aber 800 m längerer Weg verläuft über die Dünen von Monte Branco. Vor dem Waldrand folgen Sie nicht der Sandpiste nach oben, sondern dem Weg nach rechts für 150 m am Waldrand entlang, bis Sie das Ende des Strandes erreicht haben. Sie gehen auf diesem Pfad 250 m immer oberhalb des Meeres entlang und halten sich

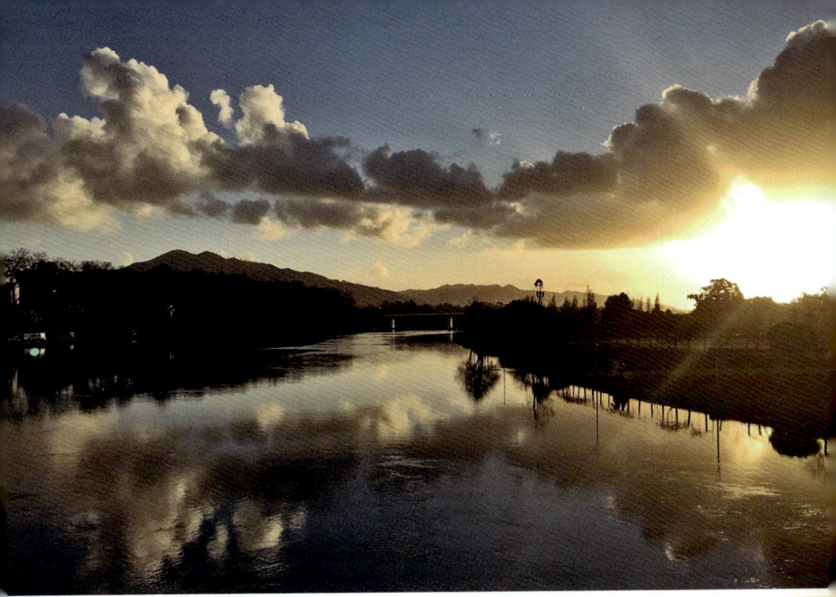

Sonnenuntergang in Ponteceso

dann halb rechts. Weitere 400 m leicht bergauf gehen Sie oberhalb einer kleinen Bucht entlang und auf dem Pfad weiter. Nach 400 m haben Sie den Strand Playa da Barra erreicht. Sie befinden sich nun an der Spitze der Landzunge und umrunden diese. Auf einem sandigen Weg gehen Sie weiter nach links und überqueren die Dünen von Monte Branco. Nach 700 m treffen Sie auf einen breiteren Fahrweg und folgen ihm bis zu einem Aussichtsturm aus Holz. Hier gehen Sie weiter geradeaus.

Empfohlener Weg über den Monte Branco: Wenn Sie die Route über den 175 m hohen Berg **Monte Branco** wählen, folgen Sie hier dem Weg nach links über einen kurzen steilen Anstieg auf einer Sandpiste direkt durch den Pinienwald. Nach 100 m gehen Sie nach rechts und weiter leicht bergauf, bis der Weg nach 200 m etwas breiter und steiniger wird, dort wenden Sie sich nach links. Achten Sie gut auf die Markierungen am Boden. Es geht nun steiler bergauf und Sie biegen nach 100 m rechts auf einen weiteren steinigen Kiesweg ab. Diesen verlassen Sie nach 50 m bereits wieder nach links und der Weg verläuft geradeaus weiter für 400 m den Berg hinauf, bis Sie bald die großen Antennen des Monte Branco erkennen. Kurz vor den Antennen gehen Sie rechts auf einen kleinen Pfad, der Sie zu der Aussichtsplattform des Monte Branco ❸ (km 6,5) bringt. Hier haben Sie eine schöne Rundumsicht über die Costa da Morte und die kleinen Hafenstädtchen.

An der Aussichtsplattform gehen Sie dann geradeaus vorbei bis zu einem Denkmal mit der Abbildung von Eduardo Pondal (☞ Infos bei Ponteceso). Dahinter gelangen Sie weiter geradeaus auf eine breite, asphaltierte Straße, der Sie nun für 400 m bergab bis zu einer großen Kreuzung folgen. In der Mitte des Kreisverkehrs sehen Sie einen weiteren Gedenkstein mit Werken von Eduardo Pondal. Noch vor dem Kreisverkehr gehen Sie nach rechts auf einen Kiesplatz und an einem Strommast vorbei. Sie halten sich nach weiteren 50 m halb rechts und wandern weiter den Berg hinab. Bald verlassen Sie diesen breiteren Weg wiederum nach rechts auf einen engen Pfad und folgen diesem für 200 m. Er wird zum Ende hin sehr steil und sandig. Nach weiteren 300 m sind Sie unten angekommen und stoßen auf einen Aussichtsturm aus Holz und einen breiten Kiesweg, dem Sie nun weiter nach links folgen.

Nach 600 m verlassen Sie den breiten Fahrweg nach rechts und gehen über einen Parkplatz. Sie betreten einen Holzsteg, der Sie in eine Moorlandschaft und das Naturschutzgebiet ❹ von Ponteceso bringt. Sie folgen dem Holzsteg, der an einem Kiesweg endet, für 150 m. Hier gehen Sie nach rechts und kommen auf einen Damm, der direkt durch das Naturschutzgebiet führt. Sie folgen dem Damm 1,1 km und treffen auf einen weiteren Parkplatz und den Ortsrand mit den ersten Häusern von Ponteceso. Sie überqueren den Parkplatz und gehen nach rechts. Dann betreten Sie einen gut ausgebauten, gepflasterten Weg, der am Ufer des Rio Anllóns verläuft, und folgen diesem für 250 m bis zur historischen Brücke von **Ponteceso** (km 9,8). Direkt an der Brücke befindet sich das **Geburtshaus von Eduardo Pontal ❺**.

Ponteceso

Touristeninformation im Rathaus von Ponteceso, Calle Rúa do Concello 18, 15110 Ponteceso, ☎ 981 714 000, concello@ponteceso.net, www.ponteceso.net, Mo-Fr 8:00-14:00. Die Touristeninformation befindet sich im 1. OG.

🛏 ✕ **Pension Teyma**, Avda. Bergantiños 27, 15110 Ponteceso, ☏ 881 291 485 oder 📱 644 397 655, 💻 www.pensionteyma.com, Ü EZ € 35, DZ € 45, am Ende des Ortes gelegen, sehr einfache, aber saubere Pension, ✕ Restaurant direkt neben der Pension

Ponteceso ist eine kleine Stadt am Ufer des Rio Anllóns. Neben der historischen Brücke, die direkt in die Stadt führt, ist das Ufer mit einem gepflasterten Weg und vielen Sitzmöglichkeiten sehr schön hergerichtet worden und lädt zu einem Spaziergang ein. Am großen Hauptplatz befindet sich eine kleine Kapelle, die ebenfalls einen Besuch wert ist.

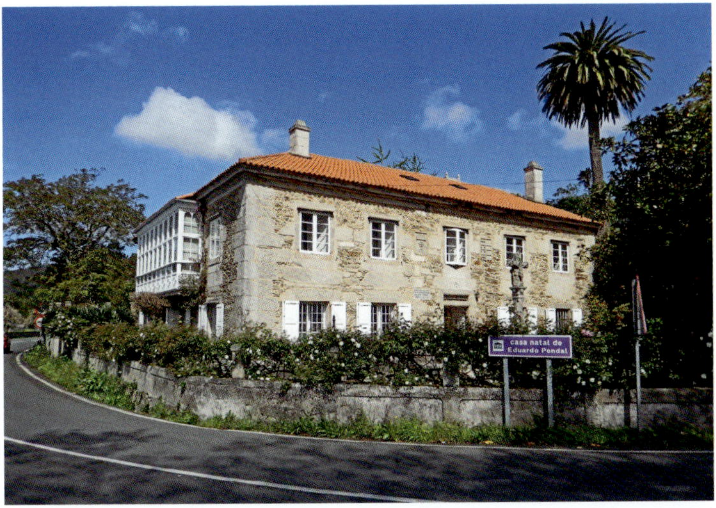

Geburtshaus von Eduardo Pondal

⌘ Das **Geburtshaus von Eduardo Pondal**: In einem großen Landhaus (galicisch pazo) direkt am Fluss Anllóns wurde 1935 der Dichter Eduardo Pondal geboren. Er ist hier in der Region einer der berühmtesten Dichter seiner Zeit. Ihm zu Ehren wurden auf verschiedenen Steinen rund um den Monte Branco Teile seiner Werke eingraviert. Auszüge seines Gedichtes „Quexume dos Pinos“ sind in der galicischen Hymne enthalten.

Das Geburtshaus steht direkt an der historischen Brücke in Ponteceso und auf Informationstafeln an der Brücke wird die Geschichte von Eduardo Pondal erzählt.

⌘ **Melga Museum** – Spielzeugmuseum: Auf einer Ausstellungsfläche von über 800 m² werden die Geschichte und Sammlerstücke von verschiedenen Spielzeugen gezeigt.

♦ Avda. Bergantiños 65, 15115 Ponteceso, ☏ 981 715 442, ✉ info@museomelga.com, 💻 www.museomlga.com, 🚪 Mo-Sa 10:00-14:00, Sa und So gibt es von 11:00-13:00 geführte Führungen, für diese ist eine Voranmeldung notwendig, Eintritt € 2.

Fischer bei der Arbeit

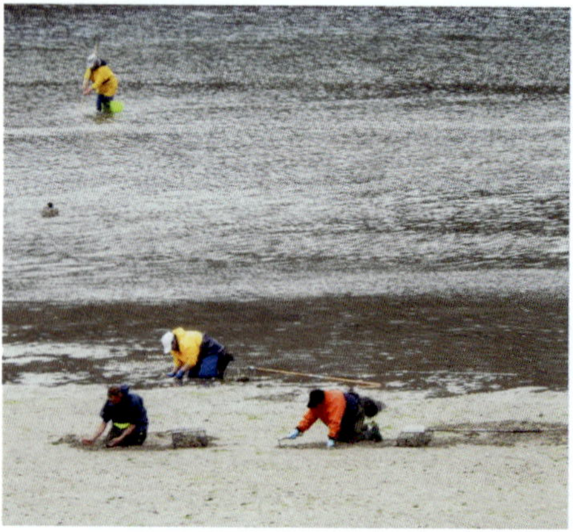

Sie verlassen Ponteceso über die Brücke auf der AC-429 und wandern an dieser entlang, immer leicht bergauf. Gehen Sie hier auf der linken Seite, dort finden Sie auch die grünen Markierungen. Nach 1,1 km überqueren Sie die Straße und biegen nach rechts zwischen den Häusern hindurch auf eine asphaltierte Straße ab. Diese endet nach 100 m und geht in einem schmalen Pfad über. Sie wandern auf diesem Pfad durch einen schönen Nadel- und Eukalyptuswald und halten sich nach 350 m rechts. Nach weiteren 650 m haben Sie wieder das Meer und den Zulauf des Rio Anllóns erreicht. Sie gehen hier nach links, der Weg steigt wieder leicht an. Nach 550 m verlassen Sie den Weg auf einen schmalen Pfad nach rechts. Der Pfad verläuft nun zwischen den Bäumen hindurch, Sie überqueren eine kleine Steinmauer und gelangen an eine asphaltierte Straße, der Sie nach rechts folgen. Nach 150 m treffen Sie auf einen gut ausgebauten, gepflasterten Weg und einen 💧 Brunnen. Hier gehen Sie nach links und folgen dem Uferweg für 600 m bis zu einem Parkplatz am Strand **Praia de Urixeira** ❻ (km 13,8), der unterhalb von Neaño liegt.

↳ ☺ In **Neaño** 🛏 ✕ 🍷 🛒, das ca. 800 m abseits des Weges liegt, finden Sie schöne und preiswerte Unterkünfte. Nach Neaño gehen Sie am Parkplatz nach links und überqueren diesen. Sie folgen der Straße für 250 m immer leicht bergauf. Nach 300 m treffen Sie auf die AC-429. Sie wenden sich nach links, folgen dieser Straße für weitere 250 m. Direkt am Hotel Costa Verde vorbei, die Straße entlang, finden Sie eine weitere 🍷 Bar und einen 🛒 Supermarkt.

🛏✕ **Hotel Costa Verde**, Cabana de Bergantiños, 15115 Neaño, ☎ 981 714 087, Ü EZ € 35, DZ ab € 60, F € 5, 800 m abseits des Camiño dos Faros (Wegbeschreibung ☞ oben), schönes und einfaches Hotel, Preis-Leistungs-Verhältnis völlig in Ordnung, mit eigenem Restaurant

Möchten Sie nicht nach Neaño, so bleiben Sie auf dem gepflasterten Uferweg, der Sie nach einem weiteren Kilometer an einen ⛩ Rastplatz mit 💧 Wasserstelle bringt. Direkt dahinter führt der Weg über einen Spielplatz und am 🛏 Aparthotel Porto Cabana vorbei. Sie überqueren nach 200 m einen großen Platz mit Outdoor-Trainingsgeräten und umrunden danach den Strand von **A Carballa** 🛏 ❼ (km 14,9).

🛏 **Aparthotel Porto Cabana**, A Carballa s/n – Cesullas, 15115 Cabana, ☎ 981 705 332, ✉ contacto@portocabana.com, 💻 www.portocabana.com, Ü ab 2 Personen € 125, es gibt auch kleine Apartments für bis zu 4 Personen. Es sind in der Regel nur Buchungen ab zwei Nächten möglich, in der Hauptsaison (Juli-August) unbedingt vorher anrufen!

Sie gehen weiter auf dem Uferweg entlang und treffen nach 1,5 km auf einen großen, gepflasterten Platz mit einem Parkplatz dahinter. Sie überqueren den Parkplatz und erreichen nach 50 m die Hauptstraße AC-429 und einen kleinen 🛒 Supermarkt in **As Grelas** ✕ 🍷 🛒 BANK (km 16,4).

4. Etappe: As Grelas – Laxe

➲ 17,6 km, ⌛ ca. 5 Std. 30 Min., ↑ 400 m, ↓ 410 m, ⇧ 0-315 m

0,0 km	⇧ 0 m	As Grelas BANK
3,5 km	⇧ 200 m	Castros de Borneiro ⌘
5,2 km	⇧ 190 m	Dolmen de Dombate ⌘
7,7 km	⇧ 315 m	Castelo de Lourido
13,3 km	⇧ 0 m	Playa de Rebordelo
17,6 km	⇧ 5 m	Laxe (Ortseingang) BANK

Diese Etappe führt Sie zu Beginn ein Stück ins Landesinnere, zuerst durch ein schönes Tal, vorbei an alten Steinmühlen und verlassenen Häusern und entlang eines kleinen Baches. Kurze Zeit später treffen Sie auf die historischen Funde einer keltischen Siedlung in einem Freilichtmuseum und nur wenig später auf das Museum Dolmen de Dombate, das ein Grab aus der Steinzeit zeigt, das dort gefunden wurde. Sie steigen weiter hinauf zum höchsten Punkt des Camiño dos Faros, von dem Sie einen herrlichen Blick über die Costa da Morte genießen können. Zurück am Meer gelangen Sie auf den altbekannten schmalen und schönen Pfaden wieder direkt entlang der Küste nach Laxe.

Sie überqueren vor dem Supermarkt an einem Zebrastreifen die Straße AC-429 und betreten einen Holzpfad, der Sie nach 100 m an einen kleinen Bach führt. Dieser Pfad ist auch mit der Nummer E-3 beschildert. Der Holzpfad geht bald in einen schmalen Kiesweg über und Sie überqueren nach 200 m einen breiten Waldweg. Sie folgen weiter dem Bachlauf und überqueren nach 600 m einen weiteren breiten Kiesweg. Auf der gegenüberliegenden Seite treffen Sie wieder auf den schmalen Pfad, der immer leicht bergauf weiter dem Bachlauf folgt.

Vorbei an alten Steinmühlen und Häusern kommen Sie an ein Steinhaus mit Rastplatz und überqueren danach weiter geradeaus eine breite Straße (km 1,6). Sie folgen dem Weg für weitere 800 m bis zu einer scharfen Linkskurve.

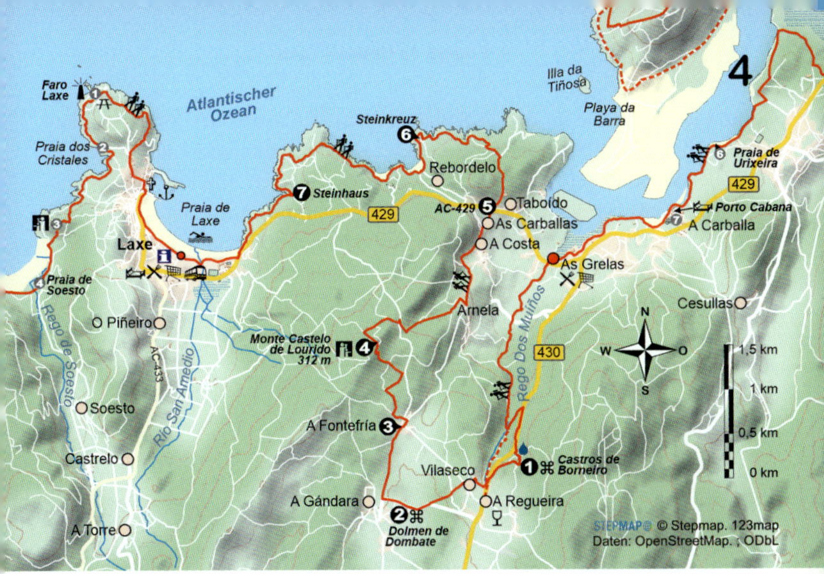

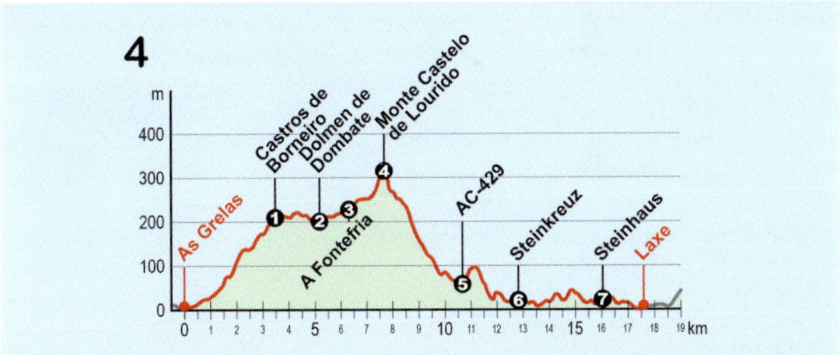

➯ Wenn Sie auf dem offiziellen Weg direkt nach Vilaseco möchten, halten Sie sich hier rechts und erreichen nach 800 m eine breite Straße, die AC-430, und gehen nach rechts 200 m weiter nach **Vilaseco.**

Empfohlener Weg über die Castros de Borneiro: Sie folgen der scharfen Linkskurve weiter bergauf. Hier verlassen Sie nun wieder die Beschilderung E-3 und treffen nach 300 m auf eine breite Asphaltstraße, die AC-430. An dieser angekommen gehen Sie nach rechts und folgen ihr für 450 m, bis Sie an den Parkplatz an den ⌘ Castros de Borneiro gelangen. Hier finden Sie auch eine Trinkwasseraufbereitungsanlage mit einem großen 💧 Brunnen.

Am Parkplatz gehen Sie links leicht bergauf und kommen zu einem ⩩ Rastplatz. Diesen durchqueren Sie und gelangen über eine kleine Brücke auf einen neu mit breiten Steinstufen ausgebauten Weg, dem Sie weiter bergauf folgen. Sie halten sich rechts und betreten nach nur wenigen Metern die Steinformationen des frei zugänglichen ⌘ Freilichtmuseums **Castros de Borneiro** ❶ (km 3,5).

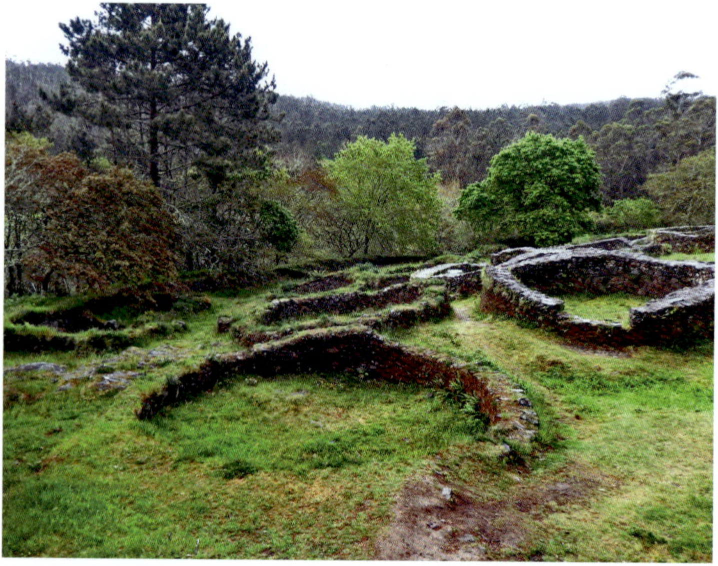

Castros de Borneiro

⌘ Die **Castros de Borneiro** sind eine historische Fundstelle. Es handelt sich hier um Reste einer keltischen Siedlung. Heute sind nur noch 32 runde Fundamente von ehemaligen Häusern zu sehen. Auf verschiedenen Tafeln rund um das Areal wird über die Geschichte dieser Fundstelle berichtet.

Direkt gegenüber, am anderen Ende des Museums, sehen Sie eine Aussichtsplattform aus Holz, über diese verläuft der Camiño dos Faros. Sie verlassen die Plattform und biegen direkt am Ende des Holzsteges rechts auf einen breiten Waldweg ab. Nach 50 m führt dieser weiter nach links und Sie gelangen an einen großen Kiesparkplatz.

Sie bleiben auf dem breiten Kiesweg und kommen wieder zurück zur Hauptstraße AC-430. Sie gehen nach links an der Hauptstraße entlang und überqueren sie über einen Zebrastreifen. Auf der anderen Seite stoßen Sie auf eine Leitplanke, direkt dahinter gelangen Sie bergab auf eine schmale, asphaltierte Straße und treffen wieder auf den offiziellen Camiño dos Faros.

Wenn Sie zu der Bar des Ortes (A Regueira) möchten, überqueren Sie die Straße am Zebrastreifen, gehen an dieser nach links und für 150 m an ihr entlang. Die Bar befindet sich auf der rechten Seite direkt an der Hauptstraße.

Sie folgen der engen Asphaltstraße für 200 m nach **Vilaseco**. Links bergauf durchqueren Sie den Ort und gehen nach 100 m an der Bushaltestelle nach rechts. Sie folgen der Straße für weitere 50 m und verlassen Vilaseco am Ortsende nach links auf einen Pfad. Dieser endet nach 200 m an einer breiten Straße, dieser folgen Sie vor einem Sportplatz nach halb rechts und gehen auf einem Waldweg geradeaus weiter. Sie treffen auf eine weitere Asphaltstraße und wenden sich nach rechts. Nach 250 m betreten Sie den Parkplatz des dahinter liegenden ⌘ Museums Dolmen de Dombate ❷ (km 5,2).

⌘ **Dolmen de Dombate**: Der Hügel, der so genannt wird, stammt noch aus einer weit früheren Zeit als die Castros de Borneiro. In den letzten Jahren wurden verschiedene Ausgrabungen und Studien an diesem Ort durchgeführt. Über dem Hügel wurde eine Kuppel aus Holz errichtet, um diese einmaligen Funde zu schützen. Im Hügel sind Gräber aus der Jungsteinzeit enthalten, die aus verschiedenen Granitplatten zusammengesetzt sind. Auf ihnen sind Schriften und verschiedene Zeichnungen zu sehen. Neben den Gräbern wurden auch Pfeile, Äxte, Schmuck und Keramikstücke aus dieser

Zeit gefunden, die hier alle besichtigt werden können. Zum Museum gehört auch ein Forschungszentrum.

♦ Mo-Fr 10:30-14:00 und 16:00-19:00, Sa und So 11:00-20:00, Eintritt frei

Am Museum vorbei gehen Sie geradeaus die Straße entlang bis zu der nächsten Kreuzung, hier biegen Sie rechts ab und kommen nach 1 km nach **A Fontefria ❸**. Sie gehen am Ortsanfang geradeaus auf eine hohe Mauer zu, an dieser halten Sie sich halb rechts. Unmittelbar an der nächsten Kreuzung gehen Sie geradeaus weiter und durchqueren den kleinen Ort. Kurz bevor er endet, wandern Sie nach links zwischen den Häusern bergauf. Nach 200 m verlassen Sie den Ort nun endgültig nach rechts auf einen Pfad. Der Weg verläuft nun leicht bergauf in ein Waldstück. Nach 300 m gehen Sie nach rechts und nach weiteren 300 m biegen Sie nach links auf einen breiteren Waldweg ab. Dieser verläuft durch den Wald und steigt immer steiler an. Nach 600 m erreichen Sie den höchsten Punkt des Camiño dos Faros, den **Monte Castelo de Lourido ❹** (km 7,7).

Monte Castelo de Lourido: Der höchste Punkt des Camiño dos Faros liegt über 300 m über dem Meeresspiegel. Ein Betonpfeiler markiert die höchste Stelle. Der Ausblick ist unbeschreiblich. Von hier aus können Sie mehrere Etappen, die Sie in den letzten Tagen bereits zurückgelegt haben, sowie das heutige Etappenziel, Laxe, sehen.

☺ Achten Sie auf die Markierung am Aussichtspunkt, da mehrere Wege nach unten führen.

Sie gehen hinter der Aussichtsplattform halb rechts einen steinigen und steilen Hang für 200 m bergab und treffen wieder auf den Waldrand. Der Weg führt Sie zurück in den Wald und Sie gehen scharf rechts auf einem schmalen Waldweg weiter. Dieser verläuft nun für 400 m immer bergab. Sie treffen auf eine Asphaltstraße, der Sie nach links folgen, und biegen nach 50 m wieder nach rechts auf einen nun breiteren Kiesweg ab. Immer bergab folgen Sie diesem für 1 km nach **Arnela**. Sie durchqueren das Dorf und biegen scharf links ab. Sie bleiben auf dieser Asphaltstraße und kommen nach 900 m nach **A Costa**. Auch hier durchqueren Sie die lang gezogene Ortschaft. Halten Sie sich halb rechts und gehen Sie weiter nach **As Carballas**. Nach ca. 120 m erreichen Sie die AC-429 ❺ und überqueren diese. Nachdem es zunächst 300 m kurz steil bergauf und dann wieder eben weitergegangen ist, treffen Sie auf ein Waldstück. Sie folgen der Straße 400 m bergab und gehen dann links auf einem schmaleren Pfad weiter. Vorbei an einem Grundstück, auf dem kleine Hütten und alte Schiffskabinen stehen, gehen Sie weiter bergab und folgen der Markierung nach rechts. Der Weg führt Sie unmittelbar danach wieder nach links und nach 200 m sehen Sie wieder das Meer. Sie folgen dem Pfad halb rechts oberhalb der Klippen immer entlang der Küstenlinie. Für 750 m wandern Sie auf diesem typischen schmalen Pfad immer bergauf und bergab. Schon bald sehen Sie ein umzäuntes Anwesen, das direkt auf einer kleinen Landzunge steht. Sie steuern direkt darauf zu, gehen vor dem Zaun nach rechts und umrunden das Anwesen. Nach 100 m haben Sie die Spitze der Landzunge erreicht und treffen auf ein schönes **Steinkreuz** ❻ Am Steinkreuz vorbei halten Sie sich links und folgen dem schmalen Pfad für weitere 500 m bis zum **Strand Rebordelo** (km 13,3).

Sie überqueren den Parkplatz und wandern rechts Richtung Strand hinunter. Auf der Asphaltstraße gehen Sie weiter nach links und erreichen nach 50 m das obere Ende des Strandes. Hier gehen Sie halb rechts auf einem kleinen Pfad in ein Waldstück. Nach 500 m erreichen Sie einen Kiesweg, der nach rechts bergab zum kleinen Strand Playa de San Pedro führt. Auch diesen Strand verlassen Sie am oberen Ende auf einem schmalen Pfad und folgen diesem für 1 km, immer entlang des Meeres direkt oberhalb der Klippen und kleinen Buchten.

Schließlich treffen Sie auf einen breiten Kiesweg, den Sie überqueren. Nach weiteren 500 m auf dem schmalen Pfad haben Sie die Spitze der kleinen Landzunge erreicht. Von hier aus haben Sie einen schönen Blick auf Laxe. Weiter dem Pfad folgend gelangen Sie in eine lang gezogene Bucht und zu einem alten, zerfallenen Steinhaus. Sie gehen bis zum Ende der Bucht und überqueren vor einem zweiten Steinhaus ❼ einen Zufluss (km 16). Über einen schmalen Pfad wandern Sie nach rechts bergauf und erreichen nur 900 m weiter die ersten Häuser von Laxe. Sie gehen an einer Steinmauer und einem Zaun entlang und biegen nach links ab, nach 50 m erreichen Sie eine Asphaltstraße.

An dieser wandern Sie nach rechts entlang und gelangen nach 150 m zwischen zwei Leitplanken an den Strand von Laxe. Sie können nun oberhalb des Strands entlanggehen, bis Sie an einen Zufluss gelangen und diesen überqueren und so zum Ortskern von Laxe gelangen, ↳ oder Sie steigen (☺ bzw. gleiten) die Sanddünen hinunter und stehen nun direkt am Strand. Sie gehen am Strand entlang und kommen ebenfalls direkt nach **Laxe** (km 17,6).

Laxe

Oficina Municipal – Touristeninformation, Avda. Cesareo Pondal 26, 15117 Laxe, ☏ 981 728 313, turismo@laxe.es, www.concellodelaxe.com, Mo-Fr 10:00-15:00

♦ Im Sommer finden Sie die Touristeninformation auch in einer kleinen Holzhütte direkt am Strand.

Hotel Apartamentos Vida Mar de Laxe, Rúa Rosalía de Castro 64, 15117 Laxe, ☏ 881 098 207 oder 881 820 328, reservas@vidahoteles.com, www.vidahoteles.com, Ü DZ € 49-84, Frühstück oder Halbpension buchbar, direkt in der Stadtmitte von Laxe, unweit von Strand und Hafen entfernt, sehr gepflegtes Hotel mit eigenem Restaurant

Pension Hostal Residencia Bahia, Besugueira 24, 15117 Laxe, ☏ 981 728 304, www.bahialaxe.com, Ü EZ € 42, DZ € 40 (ohne Meerblick) bzw. € 50 (mit Meerblick), F € 5, sauberes Hotel direkt am Hafen von Laxe, sehr freundlicher und hilfsbereiter Inhaber

Hotel Playa de Laxe, Avda. Cesareo Pondal 27, 15117 Laxe, ☏ 981 739 000, hotel@playadelaxe.com, www.playadelaxe.com, Ü EZ ab € 54, Ü DZ € 63-99, F € 7, direkt am Strand gelegenes Hotel

Laxe ist ein kleines Fischerstädtchen. Sehenswert sind der Hafen und die Kirche Santa Maria da Atalaia mit einem besonderen Hochaltar. Im Sommer ist Laxe ein sehr beliebter Badeort. Das Hafenstädtchen zieht sich an dem sehr schönen, 2 km langen Sandstrand entlang. Viele kleine Bars und Kaffees reihen sich an der Strandpromenade aneinander.

Oberhalb von Laxe steht eine kleine Kapelle, die Capela de Santa Rosa de Laxe, die schon von Weitem zu sehen ist. Ein Spaziergang dorthin lohnt sich, denn von hier aus haben Sie einen schönen Blick über Laxe.

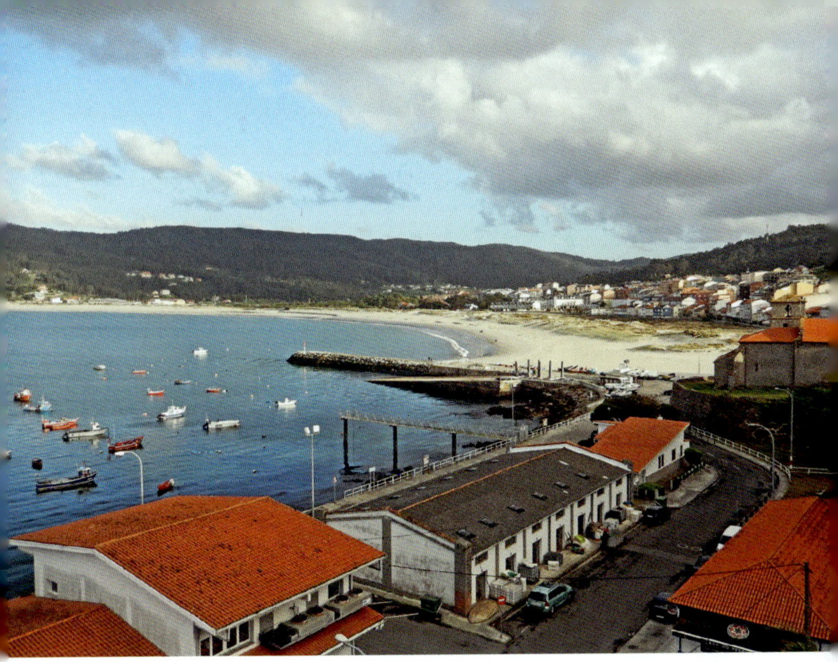

Laxe

✞ Direkt am Hafen in Laxe liegt die Kirche **Santa María da Atalaia**. Sie wurde Ende des 14. Jahrhunderts erbaut und in ihrem Inneren sind heute noch Skulpturen aus dieser Zeit zu finden. Der gotische Stil ist typisch für diese Gegend und für Galicien. Das Kirchenschiff ist quadratisch und deshalb sehr einzigartig. 1955 wurde der Hochaltar durch einen Blitzschlag zerstört. Dies war allerdings gleichzeitig ein Glücksfall, denn während der Arbeiten zum Wiederaufbau wurde ein Altarbild aus einer weit früheren Zeit entdeckt. Dieses besteht aus Stein und hielt dem Unwetter stand.

⌘ Das **Museo do Mar** ist ein kleines, aber feines Museum, in dem die Geschichte der Schifffahrt erzählt wird. Ausgestellt werden viele Miniaturschiffe und Landschaften, anhand derer die Geschichte erzählt wird.

♦ Museo do Mar, Rúa Pracer 5, 15117 Laxe, ☏ 981 735 393, ✉ museo@laxe.com, Mo-Fr 17:00-20:00, Sa 11:00-14:00 und 17:00-20:00

5. Etappe: Laxe – Arou

18,9 km, ca. 6 Std., 250 m, 250 m, 0-85 m

0,0 km	5 m	Laxe
2,9 km	45 m	Faro Laxe
3,7 km	0 m	Praia dos Cristales
5,1 km	85 m	Monte Soesto
10,0 km	0 m	Praia de Traba
12,0 km	17 m	Mordomo
16,6 km	0 m	Camelle
18,9 km	6 m	Arou

Diese Etappe verläuft über gut ausgebaute Wanderwege und schöne Pfade, die sich am Meer entlangziehen. Direkt nach dem Leuchtturm in Laxe betreten Sie einen ganz besonderen Strand, die Praia dos Cristalles. Dieser ist mit Hunderttausenden Glassteinen überzogen, die in allen Farben leuchten. Nur wenig später steigen Sie auf den Monte Soesto – der einzige große Anstieg dieser Etappe – und haben von diesem einen einmaligen Blick über den schönen und gefühlt nicht enden wollenden Strand Praia de Traba.

Vor Camelle verändert sich dann das Bild des Camiño dos Faros nochmals: Sie gehen geradewegs durch die furnas, große Steinformationen, die durch ihre Form und die Umgebung der Fantasie keine Grenzen setzen. Von Camelle bis nach Arou ist es dann nur noch ein Katzensprung.

Sie gehen am Strand von Laxe an der Promenade entlang und erreichen nach 950 m das Hafenbecken. Über einen Zebrastreifen geht es weiter bergauf nach rechts zu der kleinen Kirche Santa María da Atalaia. Sie gehen an ihr vorbei, durchqueren den Innenhof und gelangen nach 50 m zum Eingang der Kirche. Dann gehen Sie weiter nach rechts und betreten die Straße. An der nächsten Straßenkreuzung treffen Sie auf ein Verkehrsschild mit der Aufschrift „Faro Laxe“. Sie folgen dem Schild und gehen nach links in eine enge Gasse und für 150 m geradeaus. Zum Leuchtturm geht es dann nach rechts weiter, ein weiteres Schild zeigt Ihnen dies an.

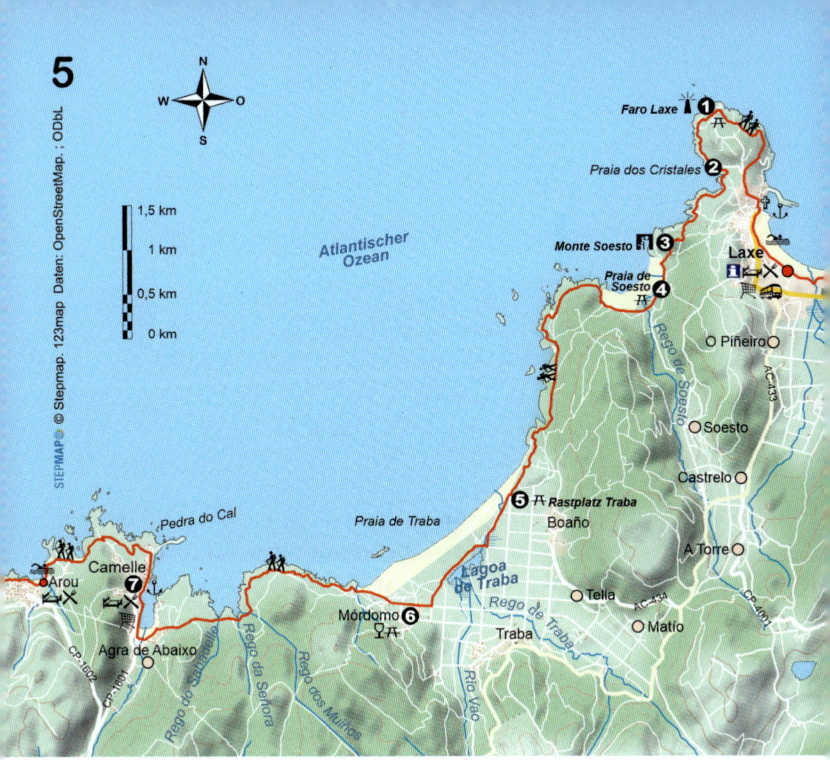

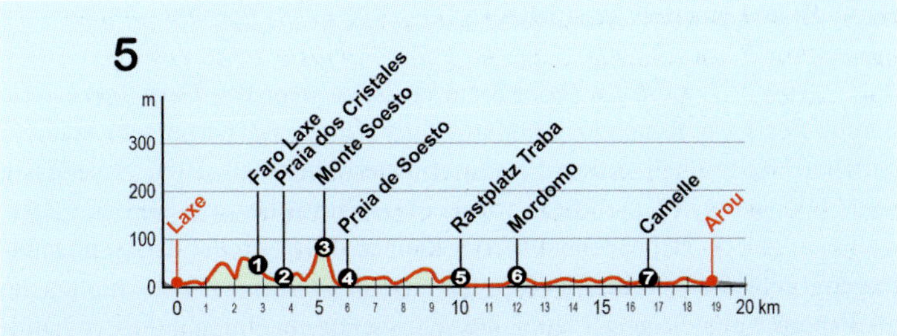

Immer geradeaus erreichen Sie nach 200 m die letzten Häuser von Laxe und einen Ѫ Rastplatz. An diesem gehen Sie halb rechts eine asphaltierte Straße weiter leicht bergauf und halten sich wieder rechts. Sie folgen der

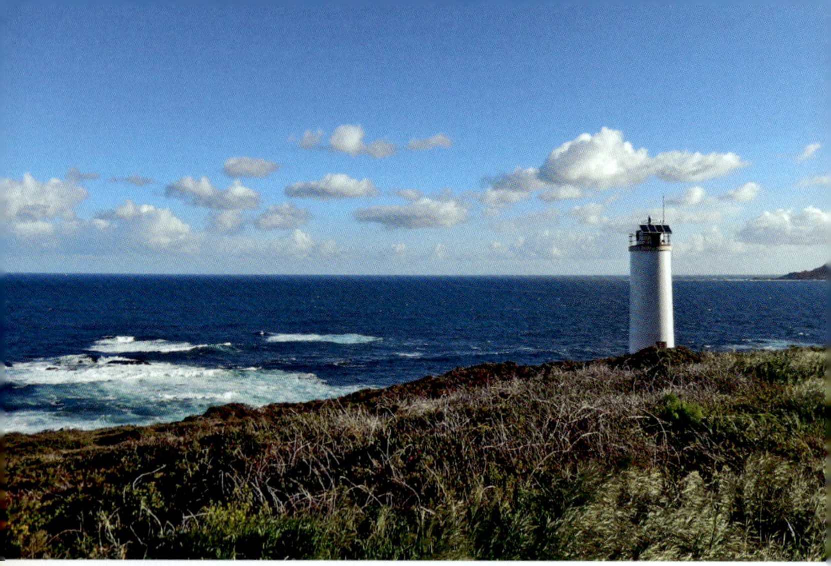

Faro Laxe

Straße nun bergab und verlassen sie nach links auf einen schmalen Pfad, dem Sie oberhalb der Klippen immer entlang der Landzunge folgen. Nach 600 m kommen Sie an ein kleines Waldstück. Sie gehen zwischen den Bäumen hindurch und treffen wieder auf einen schmalen Pfad. Weiter an der Küste entlang folgen Sie diesem Pfad und erreichen den **Faro Laxe ❶** (km 2,9) und einen Rastplatz.

An der Landspitze des Monte da Insua liegt der **Faro Laxe**. Wie bereits der Faro Roncudo ist er in seiner Form und Farbe sehr schlicht gehalten. Aber auch dieser Leuchtturm verrichtet seit 1920 zuverlässig seine Dienste. Am Leuchtturm wurde ein Rastplatz mit kleinen Feuerstellen angelegt. Bei schönem Wetter können die Besucher den Sonnenuntergang genießen. Neben dem Leuchtturm steht eine Bronzeskulptur, die „A Espera“: eine Frau mit Kind, die sehnsüchtig im Hafen auf ihren heimkommenden Ehemann wartet.

An der Bronzeskulptur gehen Sie rechts bergab auf einen schmalen Pfad in Richtung Meer und folgen diesem weiter entlang der Landzunge. Sie können nun bald wieder die Rückseite und einige Häuser von Laxe sowie oben am Berg die kleine Kapelle Santa Rosa erkennen. Der Pfad endet und geht in einen breiten Kiesweg über. Diesem folgen Sie nach links bis zum Strand **Praia dos Cristales ❷** (km 3,7). Hier befindet sich auch der Friedhof von Laxe.

Dieser kleine Strandabschnitt wird „Strand der Kristalle“ genannt. Der Geschichte zufolge gab es hier früher eine große Müllhalde. Viele Gläser und andere Dinge gelangten von Zeit zu Zeit ins Meer. Über die Jahre hinweg wurden Tausende dieser Glasstücke wieder in dieser Bucht angespült und durch die Brandung geschliffen. Diese Glasstücke glitzern heute in allen Farben und bilden so ein einzigartiges Kunstwerk (☞ 📷 S. 15). ✋ Es ist verboten, die Glassteine mitzunehmen.

Vor der Friedhofsmauer gehen Sie nach rechts und umrunden diesen. Nach 100 m erreichen Sie das Ende der Mauer und wenden sich wieder nach rechts. Sie erreichen eine Steinmauer und wandern erneut nach rechts auf einen schmalen Pfad. Dieser verläuft nun wieder am Meer entlang bis zu einer kleinen Bucht, die Sie auf diesem Pfad oberhalb umrunden. Nach 200 m gehen Sie halb links sehr steil den Berg hinauf. Sie erreichen eine Anhöhe und es geht weniger steil nach rechts weiter zum **Monte Soesto ❸** (km 5,1). Von hier aus haben Sie nun einen tollen Blick über den Strand Praia de Soesto und den weiteren Wegverlauf.

Zwischen Ginstersträuchern und Farn steigen Sie einen steilen und schmalen Pfad hinunter und gelangen am Beginn des Strandes an einen Zufluss, den Sie über mehrere Steine überqueren. Sie gehen 250 m am Strand entlang und treffen auf einen Holzsteg. An diesem gehen Sie halb rechts vorbei und erreichen nach weiteren 200 m den Rastplatz am Strand **Praia de Soesto ❹** (km 5,9). Am Rastplatz vorbei gehen Sie geradeaus weiter und betreten einen gut ausgebauten, 550 m langen Holzsteg, dem Sie bis zum Ende des Strandes folgen. Auf einem Kiesweg wandern Sie entlang der Küste. Schon bald sehen Sie in der Ferne den großen Strand von Traba. An einer kleinen Bucht gehen Sie nach rechts und folgen einem schmalen Pfad über mehrere Felsen. Sie treffen nach 300 m wieder auf einen Kiesweg. Weiter der Markierung folgend kommen Sie an einen

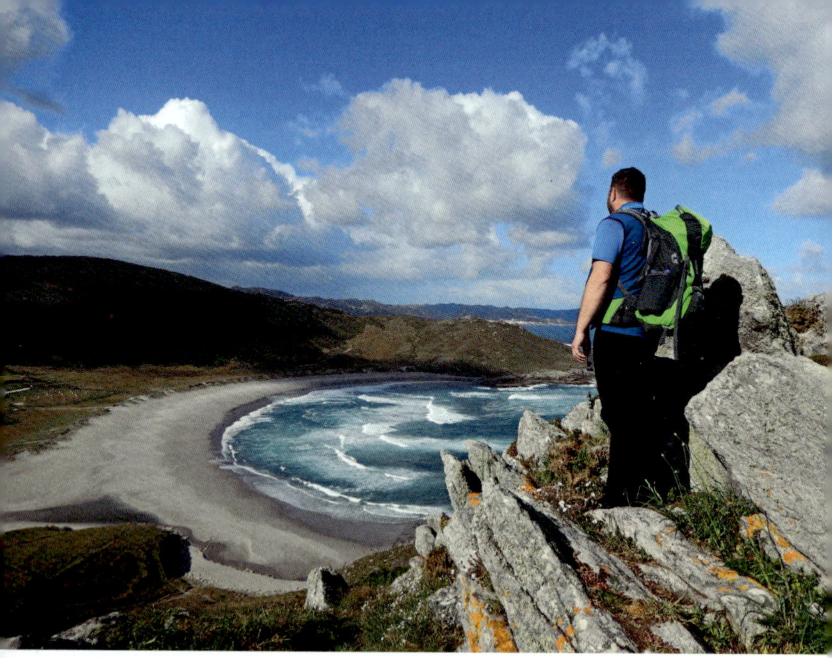

Blick vom Monte Soesto auf den Praia de Traba

Parkplatz, an dem zwei Steinhäuser stehen. Hinter den Häusern sehen Sie rechts unten einen kleinen, einsamen Strand. Sie gehen über den Parkplatz und gelangen auf einen breiten Fahrweg, auf diesem gehen Sie für 900 m leicht bergauf bis zu einer kleinen Bucht. Hier verlassen Sie den breiten Fahrweg und biegen nach rechts auf einen schmalen Pfad ab, der nach 900 m an einem ⛼ Rastplatz am Strand **Praia de Traba ❺** (km 10) endet.

Sie betreten direkt hinter dem Rastplatz einen Holzsteg, der Sie vorbei an mehreren Aussichtsplattformen durch das Naturschutzgebiet von Traba bringt. Am Ende des Stegs gehen Sie nach rechts auf einem engen Pfad weiter, der an einem weiteren kurzen Holzsteg endet. Hier wandern Sie am Steg vorbei und geradeaus auf einem Kiesweg weiter. Nach 300 m treffen Sie auf eine Asphaltstraße, der Sie nach rechts folgen. Sie wandern die Straße entlang und kommen so nach **Mordomo ❻** (km 12) und zur 🍷 Bar des Ortes. An der Bar vorbei durchqueren Sie immer leicht bergauf das lang gezogene Dorf. An einem ⛼ Rastplatz gehen Sie nach rechts und kommen nach 50 m an einen Holzsteg, den Sie betreten. Sie gehen den Steg entlang und erreichen nach 350 m das Ende des Strandes von Traba.

Der Strand von Traba hat übrigens eine Gesamtlänge von 2,8 km und ist somit einer der längsten Strände am Camiño dos Faros!

Sie überqueren den kleinen Strandausläufer und folgen den Markierungen direkt in die *furnas*.

Auf dem Weg nach Camelle verändert sich das Bild des Weges auf eine besondere Art und Weise. Riesige Granitfelsen in allen Formen und Größen werden hier passiert. Fast schon märchenhaft lassen sich zu jeder Steinformation eigene Geschichten erfinden und in Verbindung mit dem Rauschen des Meeres entsteht eine besondere Stimmung. Die Felsformationen werden auch *furnas* genannt. Bei manchen Felsen könnten man meinen, ein riesiges Maul verschlucke einen gleich.
Passen Sie also auf …

Ein kleiner Pfad verläuft zunächst für 550 m über kleinere Felsen entlang einer Steinmauer immer leicht bergauf und bergab, bevor Sie die großen Felsbrocken der *furnas* überqueren. Achten Sie hier auf die Markierungen und orientieren Sie sich am besten immer von einem zum anderen grünen Punkt.

Sie gehen für 1,2 km durch diese großen Steinformationen und gelangen dann wieder zurück auf einen schmalen Pfad, der sich durch einen kleinen Wald zieht. Nach 300 m erreichen Sie eine kleine Bucht, die mit vielen auffällig runden Steinen ausgekleidet ist. Sie gehen an der Bucht entlang und kommen nach 250 m an eine weitere Bucht. Diese umrunden Sie nun direkt über die großen runden Steine am oberen Ende.

Im 18. Jh. nutzten Fischer diese kleinen Buchten. Es war ein Ort, an dem lange aktiv Walfang betrieben wurde. Heute kann man dieses Schauspiel nur noch erahnen, da lediglich große Felsbrocken noch an einen Hafen erinnern. Teilweise sind noch Überreste eines kleinen Dorfes zu sehen.

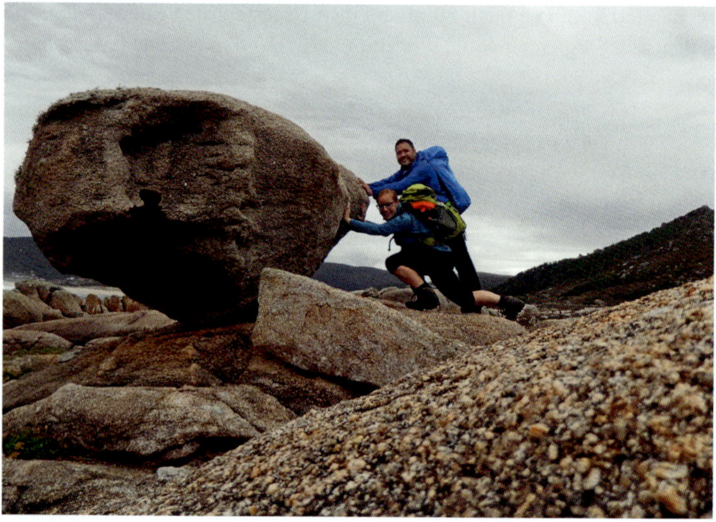

In den furnas

Sie gehen nun geradeaus auf einer breiten Asphaltstraße weiter, die Sie nach 600 m immer leicht bergab an die ersten Häuser von Camelle bringt. Sie halten sich halb rechts und erreichen nach weiteren 100 m das Hafenbecken von Camelle. Nach links führt nun ein gut ausgebauter Pflasterweg, dem Sie bis zum Ende des Hafenbeckens folgen. Vorbei an einer 🍷 Bar gehen Sie weiter am Hafenbecken und nach rechts an der Hafenpromenade entlang bis zum ⌘ **„man"-Museum** und ins Zentrum von **Camelle ❼** (km 16,6).

✋ In Arou gibt es keinen Supermarkt. Decken Sie sich daher bereits jetzt in Camelle mit Proviant für den nächsten Tag ein.

🛏 **O Refuxio do Naufrago**, Calle Principal 66, 15121 Camelle, ☏ 687 531 238, ✉ info@orefuxiodonaufrago.com, 💻 www.orefuxiodonaufrago.com, ÜF DZ ab € 43, schönes Stadthaus, 2 Mehrbettzimmer mit Gemeinschaftsbad und jeweils 4 Betten, 2 DZ, modern eingerichtet, Kühlschrank und Mikrowelle vorhanden

♦ **Casa El Rincón de Alberto,** Rúa Tarasca, 7, 15121 Camelle, ☏ 697 540 952, albertobanatajes@hotmail.com, Ü ab 76 €, schönes Ferienhaus für bis zu 12 Personen, mit Küche, Terrasse und einem schönen Pool. Der Besitzer vermietet das ganze Haus schon ab einer Person und auch für eine Nacht.

⌘ Direkt am Hafen stand bis vor wenigen Jahren ein kleines Haus, in dem bis zu seinem Tod im Jahr 2002 Manfred Gnädinger lebte. Heute sind von diesem Haus nur noch Reste übrig. Manfred Gnädiger war ein deutscher Aussteiger, der 1961 nach Camelle kam, um hier seinen Traum vom einfachen Leben zu verwirklichen. Er wurde durch seine Steinformationen und Skulpturen berühmt, die er Tag für Tag rund um sein Haus aufbaute. Er wurde nur „man" genannt. Nach seinem Tod wurden in einem Museum seine verbliebenen Habseligkeiten ausgestellt. Neben unzähligen Fotos und Kunstwerken können auch Hunderte kleine, beschriftete Briefblöcke begutachtet werden. Diese stammen von Besuchern, die sein Haus zu Lebzeiten besichtigt hatten. Von jedem verlangte „man" einen kleinen Eintritt, hierfür gab er den Besuchern einen kleinen Block, in dem diese ihre Gedanken und Bilder hinterlassen konnten. Durch Vandalismus, das Wetter sowie die verheerende Ölkatastrophe des Tankers „Prestige" im Jahr 2002 wurden viele seiner Werke zerstört. Im Hafen von Camelle können aber noch einzelne Kunstwerke besichtigt werden. Manfred Gnädinger wurde auf dem Friedhof in Camelle beerdigt, direkt mit Blick auf sein geliebtes Meer.

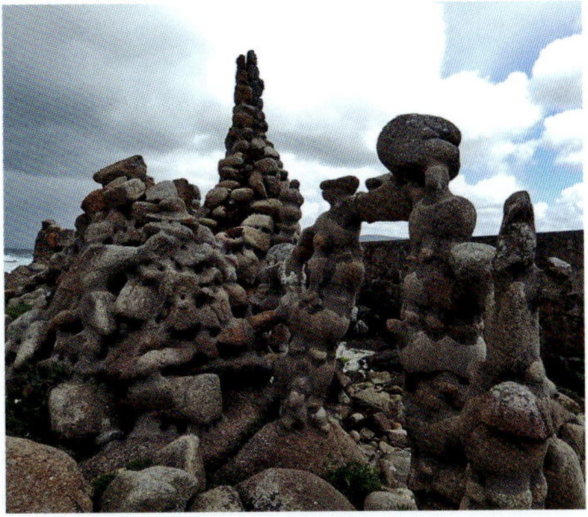

„man"-Museum in Camelle

♦ Das „man"-Museum, Casa do Aleman, Porto de Camelle, ☏ 981 710 224, www.mandecamelle.com, Mi-So 10:30-14:30 und 15:00-18:00, Eintritt € 1

In Camelle gehen Sie am „man“-Museum geradeaus weiter, vorbei an mehreren 🍷 Bars, bis Sie nach 500 m die Hafenmauer erreichen.

☺ Hier direkt zwischen den Felsen am Hafen sind noch die Überreste des kleinen Steinhauses von Manfred Gnädinger zu sehen.

Sie erreichen die letzten Häuser von Camelle, gehen vor den Häusern nach links auf einen schmalen Asphaltweg und folgen diesem. Nach 400 m gehen Sie an der nächsten Kreuzung nach rechts und folgen dem Pfad, erneut an hohen Steinmauern entlang, bis Sie nach 400 m eine breite Straße erreichen. Dieser Asphaltstraße folgen Sie nach rechts. Sie können jetzt schon das kleine Fischerdorf Arou sehen. Nach 450 m wandern Sie am Hafen von Arou vorbei und verlassen die Straße nochmals nach rechts. Sie folgen einem kleinen Pfad, der an einem Holzsteg endet. Sie überqueren einen Rastplatz und gehen weiter geradeaus bis zu einer Informationstafel, die direkt am Strand steht. Sie haben nun das kleine Fischerdorf **Arou** (km 18,9) erreicht. In den Ort gehen Sie vor der Informationstafel am Strand halb links in die Rúa Praia und immer bergauf die Straße entlang bis zum kleinen Dorfplatz.

Arou

Apartamentos Maria de Lucia, Rúa Principal de Arou, 15121 Arou
619 439 736 oder 687 074 950, Ü DZ € 89, moderne Zweibettzimmer mit Aufenthaltsraum und Küche, sehr nette Gastgeber. Abends wird auf Wunsch gekocht (vorher anrufen). Zu den Apartments gehen Sie direkt am Dorfplatz nach links in die Rúa Principal de Arou und die Straße entlang. Die Apartments befinden sich auf der linken Seite.

♦ **Os Faros Pisos Turisticos**, Rúa Praia, 15121 Arou, 669 136 779 oder 669 712 938, osfaros.pisosturisticos@gmail.com, Ü € 115-125, sehr schöne Ferienwohnung mit 3 Schlafzimmern für bis zu 6 Personen mit Küche, Waschmaschine und Trockner

Arou ist ein kleines, aber feines Fischerdorf. Neben dem schönen Strand gibt es hier zwei Bars, die von den Einheimischen gerne als Treffpunkt genutzt werden, vor allem morgens, wenn die Fischer von der Arbeit in der Nacht nach Hause kommen.

6. Etappe: Arou – Camariñas

➲ 23,3 km, ⌛ ca. 7 Std., ↑ 290 m, ↓ 290 m, ⇧ 0-63 m

0,0 km	⇧ 6 m	Arou
1,7 km	⇧ 28 m	Lobeiras
4,0 km	⇧ 0 m	Santa Mariña
5,1 km	⇧ 17 m	Abzweigung Duna de Monte Branco
8,6 km	⇧ 0 m	Friedhof der Engländer
15,7 km	⇧ 42 m	Faro Vilan (🍷) ⌘
19,7 km	⇧ 63 m	Ermida de Nosa Señora do Monte ✝
23,3 km	⇧ 4 m	Camariñas BANK ⌘

Auf der Etappe von Arou nach Camariñas wird es zu Beginn nochmals anstrengend. Hinter Arou überqueren Sie erneut große Felsen und eine sehr steinige Strecke bis zum Hafen Santa Mariña. Danach geht es vorbei an der 86 m hohen Duna de Monte Branco und an dem schönen Sandstrand Praia do Trece. Nach dem Friedhof der Engländer, der an eine verheerende Schiffskatastrophe erinnert, wird der Weg sehr angenehm. Auf breiten Kies- und Wanderwegen gelangen Sie zu dem wohl spektakulärsten Leuchtturm auf dem Camiño do Faros, dem Faro Vilan. Danach gehen Sie auf einem breiten Wanderweg am Meer entlang, vorbei an der kleinen Kapelle Ermida de Nosa Señora do Monte, und gelangen anschließend auf schönen und schattigen Waldwegen nach Camariñas.

Die Etappe von Arou nach Camariñas ist sehr lang. Sie haben die Möglichkeit, sich am Faro Vilan nach 15 km abholen zu lassen. Verschiedene Taxiunternehmen aus Camariñas bieten hier Fahrdienste an. Im Inneren des Leuchtturms gibt es ein Museum, die Mitarbeiter sind sehr hilfsbereit und rufen auch gerne eines der Taxiunternehmen an.

- *Taxi Camino dos Faros 📱 613 041 499 /13 076 264,*
  💻 www.taxicaminodosfaros.com
- *Taxi Sambade, 📱 609 039 434*
- *Taxi Nuevo, 📱 667 993 597*
- *Taxi O Minis, 📱 659 365 901*

In Arou gehen Sie an der Informationstafel vorbei, wandern immer am Strand die Promenade entlang und treffen an dessen Ende auf einen Holzsteg. Sie betreten den Steg und folgen ihm. Auf einem schmalen Weg wandern Sie dann weiter über verschiedene Wiesen zu den letzten Häusern von Arou und stoßen dort auf eine Asphaltstraße. Sie gehen nach rechts und immer leicht bergauf die Straße entlang, nach 450 m verlassen Sie diese erneut nach rechts. Auf einem schmalen Pfad zwischen Steinmauern und großen Felsen geht es weiter, immer an der Küstenlinie entlang. Sie betreten einen steinigen Pfad, der nun zunächst eben verläuft und nach 500 m steil ansteigt.

Ein steiler, kurzer Anstieg bringt Sie auf eine Aussichtsplattform mit einem Rastplatz. Sie gehen nach rechts, folgen der Straße bergab und kommen zu mehreren kleinen Fischerhütten in **Lobeiras ❶** (km 1,7). Hier biegen Sie links ab und wandern an den Hütten vorbei. Nach dem letzten Häuschen folgen Sie einem schmalen, sandigen Pfad geradeaus weiter. Sie betreten nun wieder einen sehr steinigen Abschnitt und wandern über mehrere große Steinformationen hinweg, immer stetig im Wechsel bergauf und bergab. Achten Sie hier auf die Wegmarkierung und orientieren Sie sich wieder von grünem Punkt zu grünem Punkt, der Abschnitt ist sehr gut markiert.

Sie gelangen nach 1,2 km an eine kleine Bucht und einen kleinen Zufluss, den Sie überqueren. Auf der anderen Seite gehen Sie auf dem schmalen, steinigen Pfad weiter. Dieser verläuft nun nochmals für 750 m immer bergauf und bergab. Vor Ihnen taucht schon bald der kleine Fischerhafen Santa Mariña auf. Sie wandern auf dem schmalen Pfad weiter, immer wieder über größere Steine, und umrunden einen kleinen Strand, bis Sie an

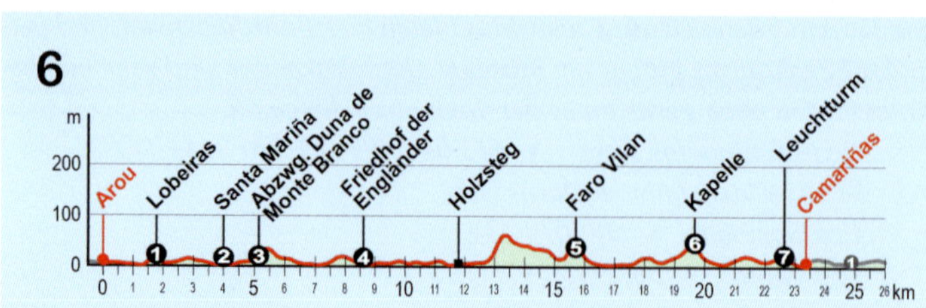

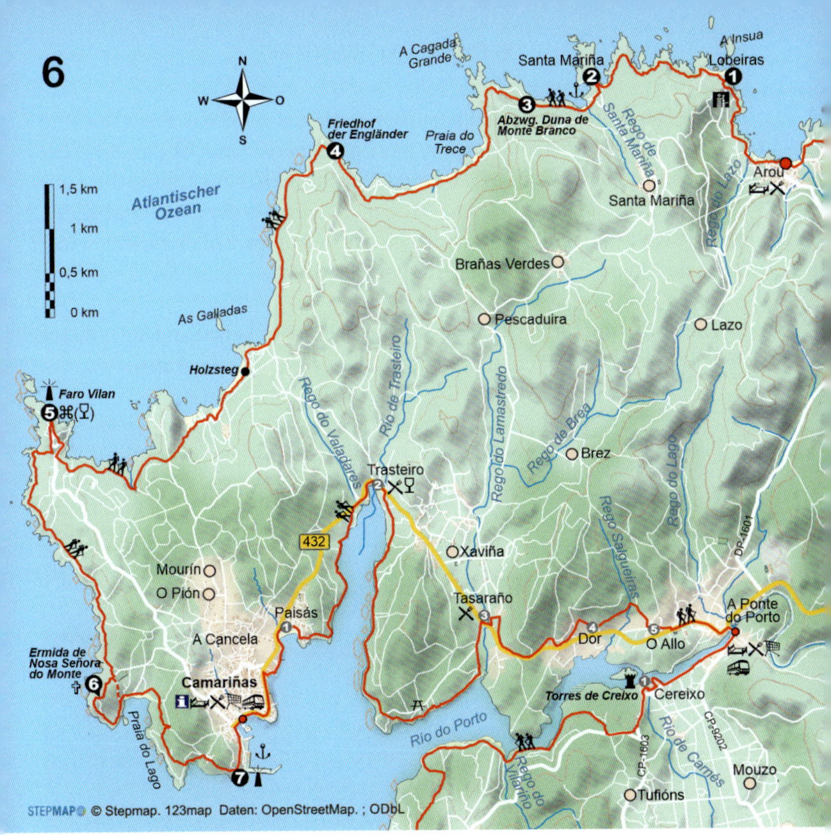

einer Mauer an den ersten Fischerhäuschen von Santa Mariña ankommen. Sie steigen auf die Mauer hinauf und gehen an den Häusern vorbei zum vorderen Teil des Fischerhafens **Santa Mariña ❷** (km 4).

Vorne angekommen biegen Sie links ab und gehen zwischen den Häusern hindurch. Nach 100 m verlassen Sie die Straße und betreten einen Pfad nach rechts, der Sie nach weiteren 150 m zu einer einzelnen Fischerhütte führt. An dieser geradeaus vorbei kommen Sie an eine kleine Bucht, die Sie über die großen Steine am oberen Rand umrunden. Nach 150 m haben Sie das Ende der Bucht erreicht. Sie gehen nach rechts auf einen schmalen Pfad, dem Sie nun immer entlang des Meeres leicht bergauf folgen. Der Untergrund wird jetzt immer sandiger und Sie erreichen bald den Beginn der größten Sanddüne am Camiño dos Faros ❸ (km 5,1). Bis vor wenigen Jahren konnte man direkt über die 86 m hohe Düne gehen, aus Naturschutzgründen verläuft der Weg nun unterhalb der Düne vorbei. Sie halten Sich weiter halb rechts entlang der Landzunge und umrunden so die Duna de Monte Branco auf einem schmalen Pfad.

Die **Duna de Monte Branco** ist eine über 89 m hohe Sanddüne, dieser Punkt markiert die Hälfte der Wegstrecke des Camiño dos Faros.

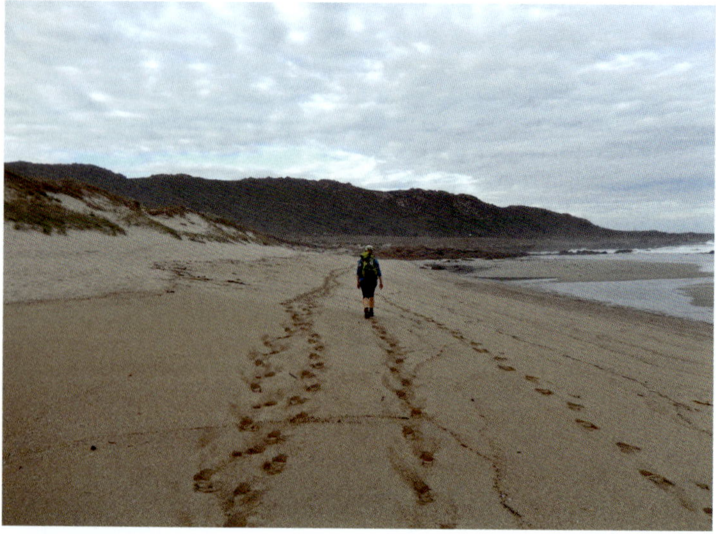

Praia do Trece

Sie bleiben auf diesem schmalen Pfad, der nun für 1,5 km immer im Wechsel bergauf und bergab diese Landzunge umrundet und dann oberhalb und teilweise direkt auf dem Strand Praia do Trece verläuft. Am Ende des letzten Strandabschnitts steigen Sie kurz steil nach oben, halten sich immer halb rechts und gelangen auf einen schmalen Pfad, der Sie nach 1 km zum **Friedhof der Engländer** ❹ (km 8,6) bringt.

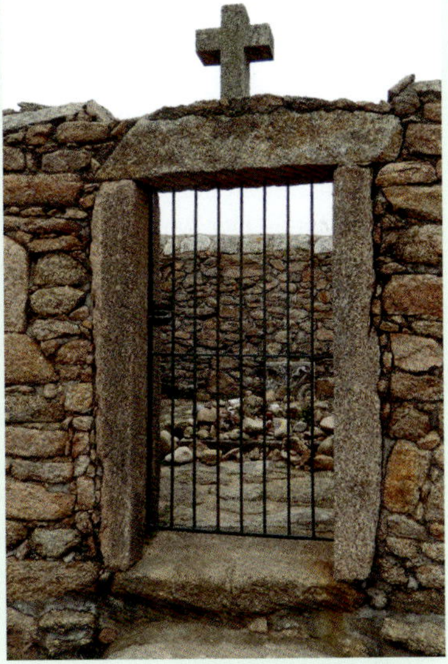

Friedhof der Engländer

Am Ort dieser Gedenkstätte, dem Friedhof der Engländer, ereignete sich 1890 eine tragische Schiffskatastrophe. Das englische Kriegsschiff „Serpent“ zerschellte in einer stürmischen Nacht direkt hier an den Felsen. 172 Seemänner starben, nur drei überlebten die Katastrophe. Die Dorfbewohner bargen die Überreste und errichteten an dieser Stelle einen kleinen Friedhof. Am Strand werden heute noch von Besuchern kleine Steinmännchen aufgebaut, diese wirken wie kleine Denkmäler für die Seelen der Seemänner.

Allerdings sei ein Hinweis an dieser Stelle erlaubt. Das Errichten von Steinmännchen zerstört den Lebensraum von vielen Tierarten, die dort leben. Deshalb wird das Errichten von Steinmännchen hier auch mit einer Strafe geahndet. Bitte denken Sie daran und beachten Sie den Naturschutz.

Am Friedhof der Engländer geradeaus vorbei betreten Sie einen breiteren Kiesweg, der sich durch die schöne Heidelandschaft zieht. Nach 200 m wenden Sie sich scharf nach links und erreichen bald darauf einen breiten Fahrweg. Hier gehen Sie nach rechts und wandern immer eben auf dieser breiten Kiesautobahn direkt am Meer entlang. In der Ferne sehen Sie auf der rechten Seite den beeindruckenden Faro Vilan.

Nachdem Sie mehrere Ferienhäuser passiert haben, verlassen Sie den breiten Fahrweg nach 500 m an einem Wegweiser aus Holz und gehen nach rechts auf einen schmalen Pfad. Sie wandern wieder an mehreren kleinen Buchten und Stränden entlang bis zu einem Holzsteg (km 11,8). Diesen überqueren Sie und verlassen ihn dann direkt nach rechts auf einen weiteren schmalen Pfad. Nochmals wandern Sie oberhalb um mehrere kleine Buchten herum. Nach 700 m erreichen Sie einen kleinen Sandstrand, den Sie betreten. Über den Sand gelangen Sie auf die andere Seite. Sie steigen eine kleine Böschung nach oben und erreichen nach 150 m wieder den breiten Fahrweg. Diesen lassen Sie aber direkt links liegen und gehen auf einem Pfad nach rechts weiter.

Zunächst leicht bergab folgen Sie dem Weg für 200 m zwischen Sträuchern hindurch. Der Weg wird nun wieder steiler und Sie steigen zwischen Ginster und anderen Sträuchern steil bergauf, bis Sie nach 300 m erneut auf die breite Kiesstraße treffen. Sie gehen hier nach rechts weiter bergauf und kommen nach 100 m an einen Parkplatz, von dem Sie einen herrlichen Blick auf den Leuchtturm Faro Vilan haben.

Weiter auf dieser breiten Kiesstraße geht es nun 1,5 km bergab. An einem großen Windrad verlassen Sie die Kiespiste und wenden sich nach rechts bergab auf einen schmalen Pfad, bis Sie nach 300 m auf die Asphaltstraße treffen, die zum Leuchtturm führt. Dieser folgen Sie wiederum nach rechts und biegen nach 200 m dann noch einmal nach rechts auf einen schmalen Weg ab. Bald schon treffen Sie wieder auf die Asphaltstraße und gehen weiter bergauf bis zum **Faro Vilan** (🍷) ⌘ ❺ (km 15,7).

Den imposantesten Leuchtturm am Camiño dos Faros finden Sie hier – den **Faro Vilan**. Er ragt 25 m hoch über den Klippen auf. Das Licht leuchtet bis zu 55 km weit. Er wurde 1896 als einer der ersten elektrifizierten Leuchttürme des Landes in Betrieb genommen. Die Bauweise dieses Turms und des darunterliegenden Gebäudes sind faszinierend. Ein 25 m langer überdachter Gang führt von den Unterkünften der Wärter direkt zum Turm. Das ermöglicht es den Wärtern, trockenen Fußes ihren Dienst zu versehen.

In diesem Leuchtturm verrichtete Cristina Fernández als eine der drei ersten Leuchtturmwärterinnen in ganz Spanien seit 1977 ihre Dienste. Es war nicht ganz einfach, als Frau diese Stelle zu bekommen und ihre Familie davon zu überzeugen, zumal sie bereits mit dem Leuchtturmwärter Antonio Alonso verheiratet war. Ihr Vater gab ihr dann die Erlaubnis und so konnte sie gemeinsam mit zwei anderen Frauen in Madrid die Prüfung zur Leuchtturmwärterin ablegen. Nach über 46 Jahren als Leuchtturmwär-

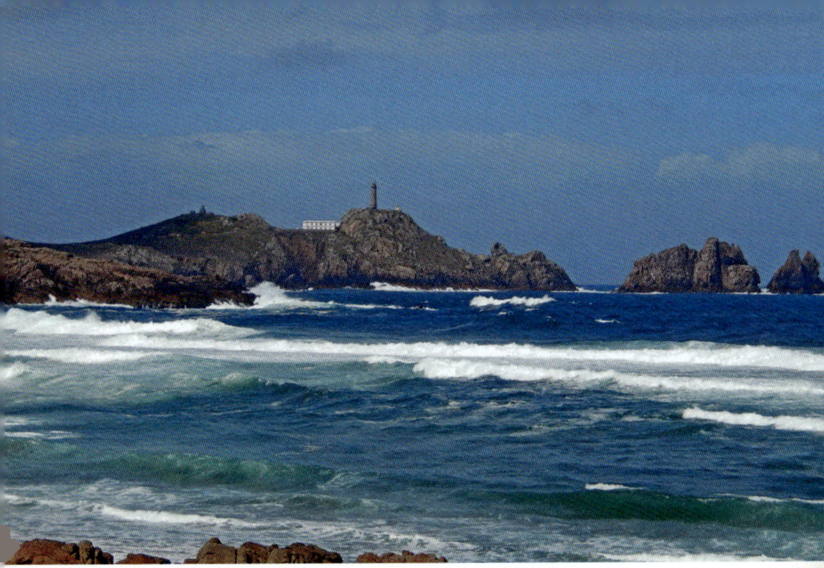

Blick über den wilden Atlantik zum Faro Vilan

terin ist sie in der Zwischenzeit im Ruhestand und kehrt auch heute noch gerne an den Leuchtturm zurück. Sie kann Tausende Anekdoten über das Land, den Turm und die Geschichte dahinter erzählen.

Nicht weit entfernt auf einer Anhöhe direkt neben dem Leuchtturm Faro Vilan befinden sich noch die Überreste eines kleinen achteckigen Turms. Hier stand bis zum Bau des heutigen Leuchtturms ein Dampfleuchtturm, der Faro Vello.

⌘ Im Inneren des Leuchtturms Faro Vilan wird die Geschichte der Costa der Morte und des Leuchtturms gezeigt. Mit verschiedenen Videoaufnahmen und Fotografien werden Küste und Leuchtturm vorgestellt. Weiterhin wird erklärt, welche verschiedenen Arten von Leuchttürmen es gibt und wie die Kraft der Natur sich an der Costa da Morte auswirkt.

♦ **Leuchtturmmuseum**, 647 398 023 oder 647 608 158, Sommer: Mi-So 11:00-14:00 und 15:00 19:00, Eintritt € 1

(🍷) Am Leuchtturm gibt es keine Bar mehr und bei Redaktionsschluss war auch die bisherige Touristeninformation im Inneren des Leuchtturmes geschlossen, es ist auch fraglich, ob diese nochmals eröffnet wird. Es gibt aktuell nur einen Getränkeautomaten.

Am Vorplatz des **Faro Vilan**, direkt gegenüber dem Haupthaus, führen Stufen nach oben, die in einen schmalen, steinigen Weg übergehen. Diesem folgen Sie bis zu den Überresten des alten Leuchtturms. Von hier geht es weiter nach rechts hinab auf einen engen Pfad, dem Sie bis zu der breiten Asphaltstraße folgen. Sie betreten sie und gehen nach rechts, 100 m danach biegen Sie wieder nach rechts auf den altbekannten schmalen Pfad ab. Dieser führt nun weiter bergab bis zu einer Salzfabrik. Direkt davor gehen Sie nach rechts immer am Zaun entlang und umrunden die Fabrik. Dahinter gelangen Sie auf einen breiteren Kiesweg. Sie wandern nun 2,1 km auf diesem schönen Wanderweg weiter, immer entlang der Küste und stetig bergauf bis zum Fuß des Hügels mit der Kapelle **Ermida de Nosa Señora do Monte ❻** (km 19,7). Zur Kapelle sind es noch 300 m, Sie gehen nach rechts und immer den Hügel hinauf bis zum Eingang. Von hier aus haben Sie einen fantastischen Rundumblick.

✞ Die Kapelle Ermida de Nosa Señora do Monte stammt aus dem 18. Jahrhundert. Die Fassade und auch der Glockenturm sind sehr einfach gehalten, im Inneren ist nur ein schlichtes Holzkreuz zu sehen. Im Jahr 2005 wurde der Glockenturm durch ein Unwetter zerstört und danach neu aufgebaut. Gegenüber sehen Sie von hier aus bereits Muxía und die Wallfahrtskirche Virxe de Barca (☞ Muxía). Die kleine Kapelle wird auch als kleine Schwester der Virxe de Barca bezeichnet, als „Virxe do Monte“. Am Ostermontag findet ausgehend von Camariñas eine große Prozession zu dieser kleinen Kirche hier statt.

Für den Abstieg gibt es zwei Alternativen, die beide gleich lang sind.

⇘ Alternative: Sie gehen denselben Weg, der Sie zur Kapelle hinaufgeführt hat, wieder hinunter und biegen rechts auf einen breiten Forstweg ab. Nachdem Sie 350 m immer stetig bergab gewandert sind, folgen Sie dem Forstweg scharf links und erreichen nach ca. 100 m den Strand **Praia do Lago**.

Empfohlener Weg: Sie folgen hinter der Kirche einem kleinen Pfad für 700 m bergab zu den Klippen und treffen dort auf eine Kreuzung. Hier trifft die Alternative von rechts auf den Weg. Sie folgen dem Weg weiter geradeaus und kommen so nach ca. 100 m zum Praia do Lago.

Sie bleiben für weitere 350 m auf dem Forstweg und gelangen an ein Waldstück, hier halten Sie sich rechts. Vorbei an einem großen Anwesen, auf dem der Eigentümer allerlei Strandgut zu Kunstwerken aufgebaut hat, kommen Sie nach 350 m an eine Abzweigung und gehen wieder nach rechts. Der Wald endet nun und Sie wandern weiter auf diesem Forstweg, bis Sie vor einer kleinen Bucht an eine Abzweigung kommen. Sie verlassen den Weg zunächst nach links und wenden sich nach 50 m direkt nach rechts auf einen schmalen Pfad. Über einen kurzen Abstieg erreichen Sie die kleine Bucht. Sie umrunden sie und steigen dahinter einen Waldweg steil nach oben bis zu einer Asphaltstraße, der Sie nach rechts folgen. Nach 100 m halten Sie sich halb rechts und gehen die Asphaltstraße entlang. Sie folgen weiter der schmalen Straße, vorbei an einem alten Leuchtturm von Camariñas ❼, und treffen geradeaus auf eine Wendeplatte. Hier gehen Sie nach links und sehen jetzt bereits die ersten Häuser von Camariñas. Nach 550 m – immer leicht bergab – haben Sie den Hafen von **Camariñas** (km 23,3) erreicht.

☺ Kurz bevor Sie das Ende des Hafenbeckens erreicht haben, können Sie noch nach rechts abbiegen und über den Steg, der mit Glaswänden ausgestattet ist, direkt über das Hafenbecken gehen.

Camariñas

i Concello de Camariñas, Oficina de Información Turística, Avda. da Coruña, 15123 Camariñas, ☎ 981 736 000 o. 981 736 340, ✉ turismo@camarinas.net, 💻 www.camarinas.net oder www.turismocamarinas.net, Mo-Fr 10:30-14:30 und 16:00-19:30

♦ Im Sommer befindet sich auch eine Information direkt am Hafen in einer Holzhütte.

🛏 **Hotel O Parranda**, Rúa Casadillo 1, 15123 Camariñas, ☎ 881 150 506 oder 📱 629 840 851, ✉ hotelnuevoparranda@gmail.com, 💻 www.hotelnuevoparranda.com, ÜF DZ ab € 60 je nach Saison, einfaches, sauberes Hotel. Frühstück ist im Zimmerpreis enthalten und einfach gehalten, aber ausreichend und für den Preis in Ordnung.

- **Ave del Mar**, Rúa do Carme 16, 15123 Camariñas, ☏ 981 737 298, hotelavedelmar@hotmail.com, ÜF DZ € 50-60, direkt am Hafen, schönes, einfaches Hotel, familiengeführt, sehr hilfsbereite und freundliche Inhaber. Im hauseigenen Restaurant mit Bar gibt es gute und einfache Speisen und auch Fischspezialitäten.
- **Hotel Stella del Mar**, Calle Ronda San Xurxo 9, 15123 Camariñas, ☏ 981 737 304, reservas@stelladelmare.es, www.stelladelmare.es, ÜF EZ € 40-50, ÜF DZ € 65-80, ca. 300 m bis zum Hafen/Zentrum, schönes Hotel, sauber und gepflegt
- **Hotel Puerto Arnela**, Carme 20, 15123 Camariñas, ☏ 981 737 240, reservas@hotelpuertoarnela.com, www.hotelpuertoarnela.com, ÜF DZ € 55-65, direkt am Hafen, sehr schönes Hotel mit eigenem Restaurant
- **Pension Castro Ventos**, Calle de Muino do Vento 71, 15123 Camariñas, ☏ 981 736 064 oder 600 876 378, ÜF EZ € 65, ÜF DZ € 55

Camariñas ist bekannt für die traditionelle Spitzenherstellung. Leider droht diese Handwerkskunst auszusterben, weshalb ein Museum eröffnet wurde, um diese Tradition zu erhalten (☞ unten). Ein Besuch lohnt sich! Im Hafen befinden sich noch einige Geschäfte, die die traditionellen Spitzen herstellen und verkaufen. Hier kann man bei der Herstellung zuschauen.

Auch viele Bars und Restaurants finden sich entlang der Hafenpromenade. Ein sehr schönes kleines Fischerstädtchen, es lohnt sich, abends einen Spaziergang an der Hafenpromenade zu unternehmen.

⌘ Das **Museo do Encaixe** wurde im November 1996 eröffnet. In diesem Museum werden das kulturelle Leben, die Volkskunst und das Handwerk vorgestellt, das hier in Camariñas als eine große Tradition gilt. Mit der Ausstellung möchte die Stadt erreichen, dass diese besondere Tradition, die Spitzenherstellung, auch Klöppeln genannt, erhalten bleibt. Das Museum zeigt über 900 verschiedene Kunstwerke aus Spitze und wie diese hergestellt wird. Weiterhin können verschiedene Werkzeuge und Geräte betrachtet werden.

- Praza de Insuela 57,15123 Camariñas, ☏ 981 737 204, museodoencaixe@camarinas.net, www.mecam.net, Di-So 11:00-14:00 und 16:00-19:00, Eintritt € 2

7. Etappe: Camariñas – A Ponte do Porto

13,2 km, ca. 4 Std., ↑ 110 m, ↓ 110 m, ⇧ 2-40 m

0,0 km	⇧ 4 m	Camariñas
4,3 km	⇧ 6 m	Trasteiro
7,6 km	⇧ 16 m	Rastplatz
9,3 km	⇧ 10 m	Tasaraño
10,9 km	⇧ 20 m	Dor
13,2 km	⇧ 2 m	A Ponte do Porto

Die Strecke von Camariñas nach A Ponte do Porto ist ausgesprochen angenehm, immer direkt am Wasser entlang auf schön ausgebauten Waldwegen. Die ganze Strecke ist sehr schattig und immer wieder werden kleine Sandstrände passiert. Mehrere Bars und Restaurants laden zu einer Pause ein.

Der Hafen von Camariñas

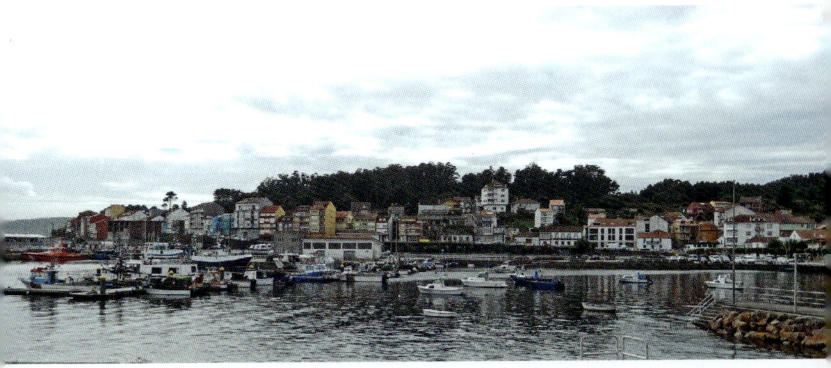

Sie spazieren in Camariñas am Hafen entlang, bis dieser nach 400 m endet. Dann gehen Sie nach links immer leicht bergauf an der Hauptstraße entlang. Nach 500 m erreichen Sie eine große Fischfirma, vor dieser biegen Sie rechts ab und gehen bergab an ihr vorbei. Unten angekommen betreten

Sie einen gepflasterten Weg, der entlang des Firmengeländes verläuft und nach 600 m bei dem kleinen Strand in **Paisás ❶** endet. Sie wandern auf einem schönen gepflasterten Weg oberhalb vom Strand entlang. Kurz bevor er endet, betreten Sie den Strand und steigen eine kleine, steile Böschung hinauf. Sie gelangen auf einen breiten Waldweg, der nach rechts verläuft. Diesem folgen Sie für 200 m und gehen halb rechts weiter. Über eine enge Asphaltstraße wandern Sie zu einer Bucht und dem kleinen, aber feinen Strand **Playa de Lingunde**. An diesem gehen Sie oberhalb vorbei und gelangen an den dahinter liegenden Parkplatz. Sie wenden sich nach rechts und wandern auf der schmalen Teerstraße bis zu einem kleinen Haus. Nach diesem geht der Weg in einen Waldweg über. Sie folgen der Markierung direkt am Wasser entlang und halten sich weiter halb rechts. Nach 550 m kommen Sie an eine kleine Steinmauer. Der Weg verläuft für 50 m an der Mauer entlang und biegt dann nach rechts in ein kleines Waldstück ab. Ein enger und teilweise verwachsener Pfad führt Sie für 300 m durch das Waldstück am Wasser entlang und endet an einem Zulauf. Diesen überqueren Sie über mehrere große Steine. ✋ Bei nassem Wetter können sie sehr rutschig sein.

Sie gehen nach rechts an den Steinen entlang und treffen wieder auf einen breiten Wanderweg. Er verläuft weiter nach halb links leicht ansteigend durch den Fichtenwald. Nach 300 m gelangen Sie an eine Asphaltstraße, Sie gehen hier der Markierung folgend nach rechts und kommen nach 500 m an eine große Brücke, die Sie überqueren. Sie haben **Trasteiro** ✕ 🍷 ❷ (km 4,3) erreicht und gehen auf der Hauptstraße bis zum ✕ Restaurant mit 🍷 Bar, das auf der rechten Seite liegt. Der Camiño dos Faros führt geradeaus weiter und Sie verlassen die Hauptstraße nach 100 m nach rechts. Auf einer engen Asphaltstraße verlassen Sie Trasteiro und gehen auf einem Feldweg geradeaus über verschiedene Felder weiter. Nach 300 m, direkt in einer Linkskurve, biegen Sie halb rechts in den Wald. ✋ Dieser kleine Pfad ist etwas zugewachsen, achten Sie hier besonders auf die Markierung.

Sie folgen nun diesem engen Pfad und treffen nach 100 m auf einen Waldweg, den Sie nach rechts betreten. Er führt Sie nun wieder zurück ans Wasser zu einem kleinen Sandstrand. Vor dem Strand biegen Sie allerdings wieder nach links in einen engen Pfad ab und folgen diesem weiter zwi-

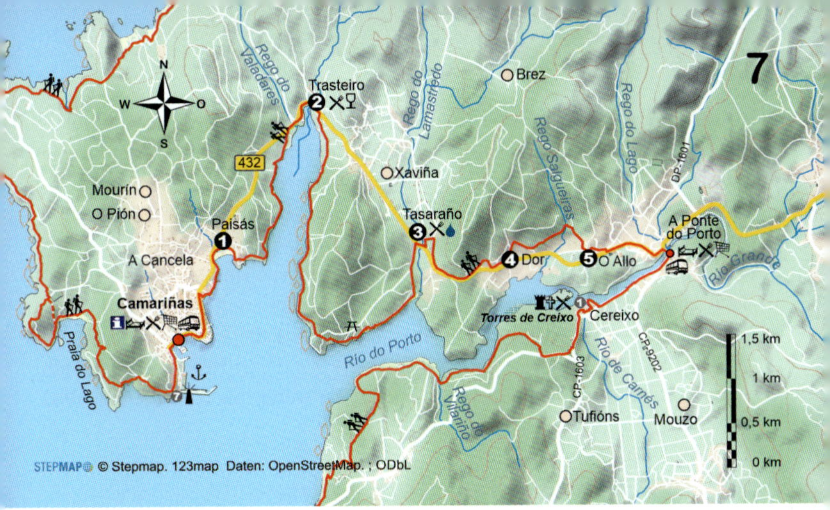

schen den Bäumen hindurch für 550 m bis zu einem großen Kiesparkplatz. Sie überqueren den Parkplatz und gehen nach rechts auf einen breiten Kiesweg. Dieser

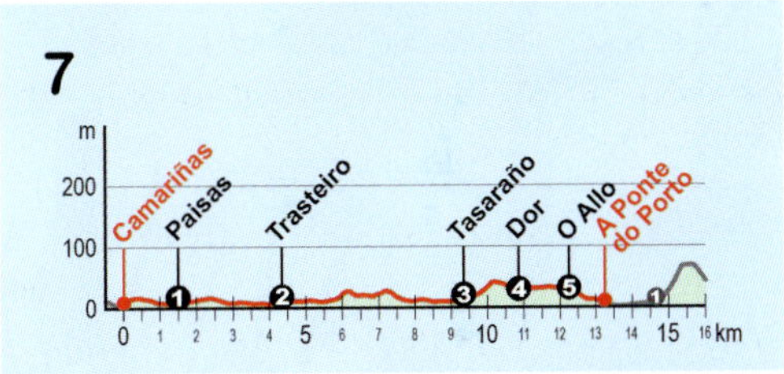

verläuft nun für 1,6 km oberhalb des Wassers entlang. Weiter geht es auf einem schmalen Waldweg nach rechts bergab, nach 550 m erreichen Sie einen ⛼ Rastplatz (km 7,6). Sie durchqueren diesen und kommen nach 50 m an einen weiteren ⛼ Rastplatz, an dem Sie nun nach rechts direkt auf einen Strand zugehen. Sie wandern 400 m auf dem Strand am Waldrand entlang. ✋ Achten Sie hier gut auf die Markierung an den Steinen und danach auf die grünen Punkte, die oberhalb an den Bäumen angebracht sind.

Sie verlassen den Strand nach links über einen schmalen Sandweg und gelangen oberhalb des Strandes auf einen schmalen Waldweg, der weiter dem Wasserlauf folgt. Bald wird der Weg breiter und Sie gehen auf diesem Waldweg für 550 m weiter, bis Sie auf eine Asphaltstraße treffen. Dieser folgen Sie bis zur Hauptstraße AC-432. Sie gehen rechts weiter und überqueren die Straße. Nach 100 m haben Sie den Beginn von **Tasaraño** und das ✕ Restaurant ❸ (km 9,3) erreicht. Direkt hinter dem Restaurant biegen Sie links ab. An der nächsten Kreuzung folgen Sie der Markierung nach rechts für 100 m bergauf. Oben angekommen gehen Sie rechts weiter und treffen auf einen 💧 Brunnen. Sie durchqueren immer geradeaus den lang gezogenen Ort Tasaraño und kommen wieder an die AC-432. Vor der Hauptstraße wandern Sie halb links bergauf und für 300 m oberhalb der AC-432 entlang, bis zu einer Autowerkstatt. An dieser halten Sie sich halb links und gehen auf der schmalen Teerstraße weiter bis zum kleinen Dorf **Dor** ❹ (km 10,9).

Kälbchen auf einem Bauernhof vor A Ponte do Porto

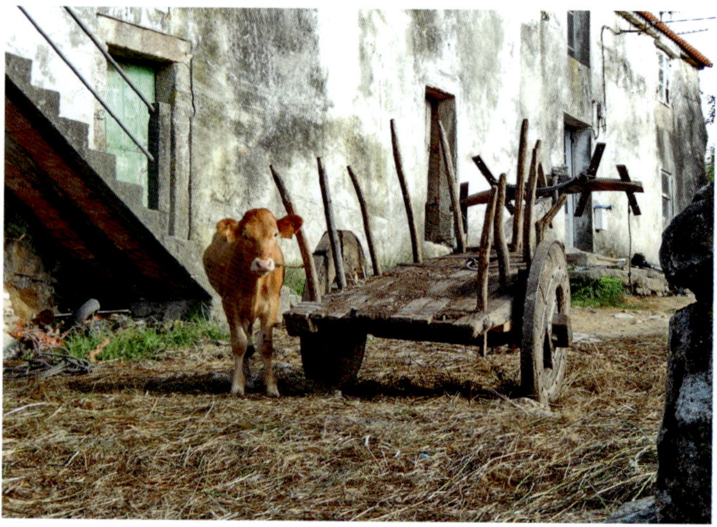

Der Camiño dos Faros zweigt am Ende des Dorfes in einen schmalen Waldweg ab, diesem folgen Sie für 500 m in ein kleines Waldstück. Im Wald gehen Sie nach rechts und überqueren einen Bach. Kurz hinter dem Wald gelangen Sie an eine schmale, asphaltierte Straße, der Sie geradeaus

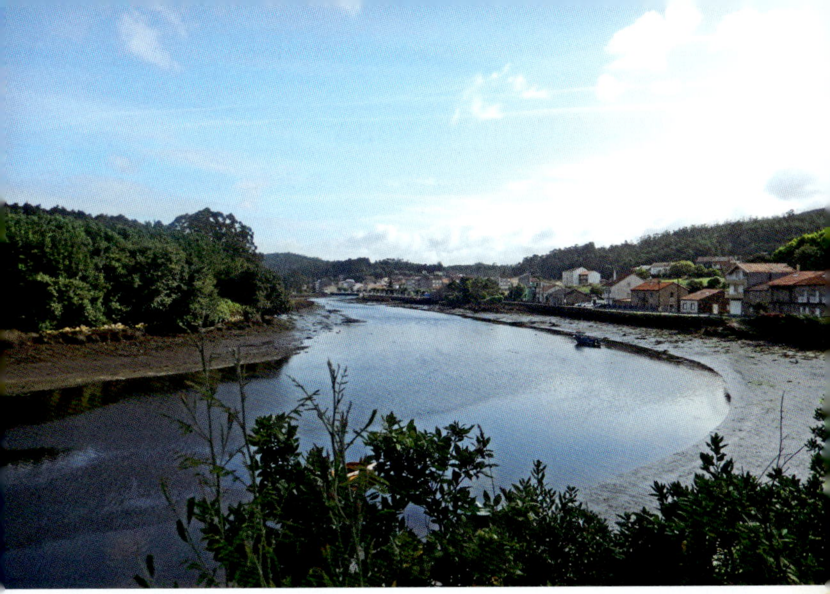

A Ponte do Porto

bis zum Teilort **O Allo ❺** folgen. 150 m weiter kommen Sie zur Hauptstraße zurück und haben die ersten Häuser von A Ponte do Porto erreicht. Sie überqueren die AC-432 und gehen nach links weiter. Immer leicht bergab wandern Sie an der Hauptstraße entlang und haben nach 900 m die Brücke von **A Ponte do Porto** erreicht (km 13,2).

A Ponte do Porto

Hostal O Pincho, Rúa Alto do Penedo 22, 15121 A Ponte do Porto, ☎ 981 730 250, 616 934 467, EZ/DZ € 50, ca. 250 m vom Zentrum entfernt. Vor der Brücke in A Ponte do Porto gehen Sie nach nach links die Straße entlang, auf der rechten Seite befindet sich die einfache und sauberer Pension.

A Ponte do Porto ist eine kleine Stadt, die sich auf beiden Seiten des Flusses Río do Porto entlangzieht. Eine Brücke, von der die Stadt auch ihren Namen hat, verbindet die beiden Ortsteile. Sehenswert ist die kleine Kirche. An der Flusspromenade gibt es mehrere Bars und Cafés, die zum Verweilen einladen.

8. Etappe: A Ponte do Porto – Muxía

19,2 km, ca. 6 Std., ↑ 340 m, ↓ 330 m, ⇧ 0-82 m

0,0 km	⇧ 2 m	A Ponte do Porto
1,4 km	⇧ 10 m	Kirche und Burg Torres de Cereixo
6,8 km	⇧ 27 m	Praia da Barreira
8,0 km	⇧ 0 m	Leis/O Lago
9,5 km	⇧ 21 m	Merexo
12,0 km	⇧ 41 m	Os Muiños
14,8 km	⇧ 82 m	Chorente
18,0 km	⇧ 15 m	Faro de Muxía
19,2 km	⇧ 8 m	Muxía

Die Etappe von A Ponte do Porto bis Muxía verläuft zu Beginn durch schattige Eukalyptuswälder. Immer im Wechsel bergauf und bergab geht es gut ausgeschildert zunächst bis zum Campingplatz in Leis und anschließend an den schönen Sandstrand in Leis, an dem auch die Unterkünfte zu finden sind. Von Leis nach Muxía werden viele kleine Dörfer passiert, in denen Bars und Restaurants zu einer Pause einladen. Sehr gut ausgebaute Wege führen zunächst nach Os Muiños, dort gehen Sie in einem wunderschönen Tal auf einem Holzsteg bis zum Strand Praia de Muiños. Nach einem kurzen Anstieg erreichen Sie Chorente und von dort ist es nicht mehr weit bis zum Ortsanfang von Muxía. Nach einem Spaziergang durch Muxía steigen Sie auf den Mirador do Monte Corpiño, den höchsten Punkt der Landspitze, und erreichen kurz danach einen der wohl stimmungsvollsten Orte auf dem Camiño dos Faros. Lassen Sie sich überraschen und genießen Sie dort einen einmaligen Sonnenuntergang.

Sie gehen über die Brücke und folgen der Straße nach rechts. Geradeaus geht es für 150 m bis zur Hafenpromenade. Auf einem gut ausgebauten, gepflasterten Weg folgen Sie dem Fluss bzw. Hafenbecken bis zum Ortsende von A Ponte do Porto. Sie gehen zwischen den Häusern für 550 m auf einer schmalen Asphaltstraße entlang und verlassen den Ort nach rechts in eine schmale Gasse. Nach 150 m erreichen Sie einen Holzsteg und halten

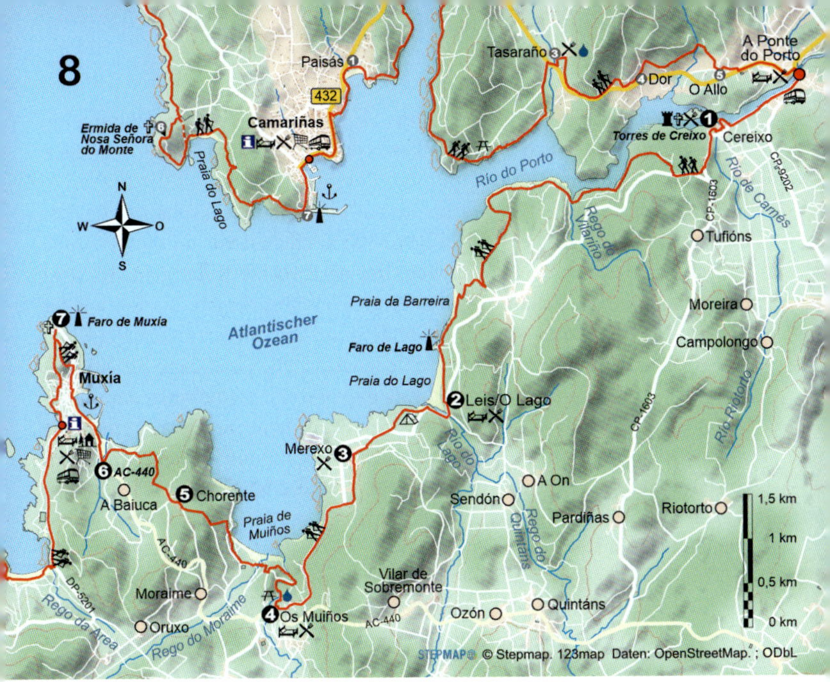

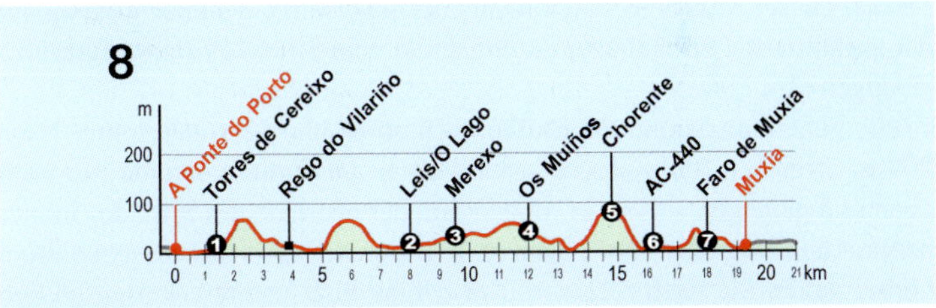

sich links. Sie steigen auf dem Holzsteg nach oben und biegen auf der ersten großen Holzplattform rechts ab. Geradeaus weiter erreichen Sie nach 50 m eine Treppe. Über die Stufen, die nach rechts führen, erreichen Sie den Eingang der ✞ Kirche. Weiter nach links erreichen Sie nach 50 m den Eingang der ♜ Burg **Torres de Creixo** ✕ (km 1,4) ❶. Am Eingang der Burg halten Sie sich links und gehen an einer hohen Mauer entlang bis zu einer Asphaltstraße. Dieser folgen Sie nach rechts und wandern an der neu ausgebauten Straße stetig bergauf bis zu einem Friedhof. Sie überqueren den Vorplatz und gehen an der linken Seite des Friedhofs einen schmalen Pfad weiter bergauf.

Oben angelangt treffen Sie erneut auf eine schmale Asphaltstraße, der Sie nach rechts wieder bergauf folgen. 300 m bleiben Sie auf dieser Straße und erreichen dann einen Waldweg, der nach rechts weitergeht. Er wird immer schmaler und führt Sie immer gleichmäßig bergab, bis Sie wieder am Ufer angekommen sind. Sie wandern auf diesem schmalen Pfad nun 1 km oberhalb des breiten Wasserlaufs zunächst eben und dann für ein kurzes Stück steil bergab durch einen Eukalyptuswald. Sie betreten eine Lichtung, überqueren diese und gehen über eine kleine Steinbrücke auf die andere Seite. Dann wandern Sie halb rechts bergauf und treffen nach 200 m auf einen breiten Waldweg. Diesem folgen Sie erneut immer entlang des Wasserlaufs vorbei an mehreren kleinen Fischerhäuschen bis zu einem kleinen Strand. Der Waldweg endet hier.

Sie gehen weiter nach links und 300 m durch ein weiteres Waldstück bergauf. Rechts dem schmalen Pfad folgend wandern Sie dann wieder etwas ebener noch 300 m und halten sich danach halb links. Auf einem mit hohen Sträuchern bewachsenen Pfad erreichen Sie nach 400 m eine breite Straße. Dieser folgen Sie nach rechts. Es folgt nun ein steiler Abstieg auf der asphaltierten Straße, über die Sie direkt zum Strand **Praia da Barreira** gelangen (km 6,8).

Sie gehen am Strand die Stufen nach unten und überqueren ihn. Nach 200 m erreichen Sie mehrere große Felsen. Über diese steigen Sie nach oben und gelangen auf einen engen Pfad, der oberhalb des Strandes immer bergauf und bergab verläuft, bis zum **Faro de Lago** von Leis. An diesem vorbei gehen Sie nach rechts 150 m bergab über mehrere Felsen an den Strand von Leis. Sie gehen an diesem über den Sand oder am oberen Ende auf dem Waldboden entlang und gelangen nach 600 m zu den Unterkünften in **Leis/O Lago** ❷ (km 8).

Hostal Playa de Lago, Playa de Lago Merexo, 15125 Muxía, ☏ 981 750 793, info@hotelplayadelago.com, www.hotelplayadelago.com, ÜF EZ ab € 45, ÜF DZ ab € 75, direkt am Strand gelegenes Hotel, schöne Lage, Preis-Leistungs-Verhältnis ist für diese Lage okay

⛺ **Camping Lago-Mar**, Playa de Lago, 15126 Muxía, ☏ 981 750 628, 💻 www.campinglagomar.es. Auf dem Campingplatz können auch kleine Bungalows angemietet werden (Preis pro Bungalow für 4 Personen ab € 85 im Juli und August, alle weiteren Monate müssen vorher angefragt werden).

Am Campingplatz in Leis gehen Sie nach rechts und überqueren nach 150 m eine Brücke. Sie folgen der Asphaltstraße 250 m bergauf und biegen nach rechts auf einen schmalen Pfad ab. Diesem folgen Sie nun nochmals bergauf 600 m durch einen schönen Eukalyptuswald direkt oberhalb des Wassers und kommen auf eine weitere enge Asphaltstraße. Hier gehen Sie nach rechts und an der Straße entlang. Ein schmaler Pfad führt in einer Rechtskurve nach links und zu den ersten Häusern von Merexo. Zwischen den Häusern folgen Sie den Markierungen und betreten nach 200 m den Ortskern von **Merexo** ✕ ❸ (km 9,5). Wenn Sie zur Bar des Ortes möchten, folgen Sie hier dem Schild „Casa Carmela“. Der Camiño dos Faros führt geradeaus weiter und Sie folgen der engen Straße durch den Ort. An der nächsten Abzweigung halten Sie sich rechts. Sie treffen hier auf den Pilgerweg, der von Finisterre kommt und in Muxía endet. Sie erkennen dies an den großen quaderförmigen Steinen, die auch Monolithen genannt werden. Auf diesen werden auch die Kilometer bis Muxía angezeigt.

Sie folgen der Asphaltstraße geradeaus und wandern 1,5 km immer leicht bergauf, bis Sie eine Kreuzung und die ersten Häuser von Os Muiños erreichen. Sie halten sich hier halb rechts. Weiter geradeaus gehen Sie durch **Os Muiños** 🛏 ✕ ⚕ ❹ (km 12) und erreichen eine Abzweigung, an der ein weiterer Monolith des Pilgerweges steht.

Os Muiños 🛏 ✕

🛏 ✕ **Pension O Relax do Rio**, Os Muiños 100, 15125 Muxía, ☏ 613 488 718, ✉ orelaxdorio@gmail.com, 💻 www.pensionorelaxdorio.es, DZ ab € 99 inkl. F, je nach Saison, direkt in der Ortsmitte von Os Muiños, mit eigener Küche. Um zur Unterkunft zu kommen, gehen Sie an der oben beschriebenen Abzweigung halb links weiter, so kommen Sie in die Ortsmitte

Der Camiño dos Faros verlässt den Pilgerweg hier wieder. Sie gehen an der Abzweigung, an der der Monolith steht, nach rechts und verlassen den

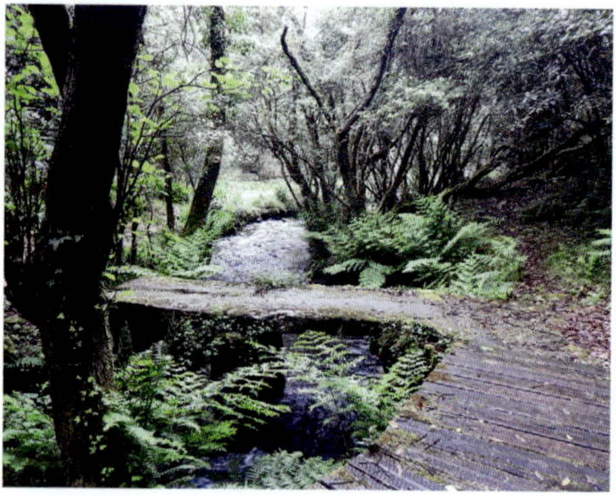

Im Tal hinter Os Muiños

Ort nach weiteren 50 m nach rechts, immer den Berg hinunter. Nach 100 m erreichen Sie Treppenstufen, die Sie bis zu einem ⩩ Rastplatz mit ● Brunnen hinuntersteigen. Sie gehen geradeaus weiter und betreten einen Holzsteg, der Sie entlang eines breiteren Flusses durch ein wunderschönes Tal führt, vorbei an mehreren Steinhäusern. Sie bleiben auf dem Steg, bis Sie nach 600 m eine kleine Steinbrücke erreichen, die Sie nach links überqueren. Nun sehen Sie den Beginn des Strandes Praia de Muiños. Nach der Steinbrücke gehen Sie nach rechts und direkt wieder nach links einen schmalen Pfad bergauf.

☟ Diese Stelle ist etwas unübersichtlich, der Einstieg zu dem schmalen Pfad vor dem Strand ist nicht auf Anhieb zu sehen. Wahrscheinlich werden Sie wie ich von dem schönen Strand abgelenkt. Achten Sie daher gut auf die grünen Markierungen.

Nach 300 m erreichen Sie eine Teerstraße, die Sie aber gleich wieder nach rechts auf einen engen Waldweg verlassen. Dieser verläuft bergab bis zum Strand **Praia de Muiños**. Sie folgen dem Weg weiter abwärts nach links. Auf einem Holzsteg überqueren Sie ganz bequem den Strand. Der Steg ist 600 m lang und Sie wandern immer auf diesem halb rechts bis zum Ende des Strandes. Sie gelangen in eine kleine Bucht und verlassen diese geradeaus über einen 50 m langen steinigen und steilen Anstieg. Oben angelangt treffen Sie auf eine breite Asphaltstraße, die Sie erst nach links und unmittelbar danach wieder nach rechts weitergehen. Sie erreichen einen schmalen Waldweg, der eben an einem Hang entlang verläuft und dann steil nach links bergauf führt. Nach 300 m Anstieg erreichen Sie wieder eine Asphaltstraße, der Sie nach rechts folgen. An der nächsten Kreuzung gehen Sie nochmals rechts und durchqueren den Markierungen folgend das kleine Dorf **Chorente** ❺ (km 14,8). Sie treffen nun wieder auf den Pilgerweg.

Am Ende des Dorfes geht die neu betonierte Straße in einen Waldweg über, dem Sie nun für 750 m immer bergab folgen. Unten angekommen haben Sie den Strand von Muxía erreicht und gehen nach links auf einen Holzsteg. 500 m weiter erreichen Sie die Hauptstraße AC-440 ❻ (km 16,2). Dieser folgen Sie nach rechts und kommen nach 350 m am Ortsschild von Muxía an.

Sie folgen der Straße durch den Ort am Hafen vorbei und halten sich am Ende des Hafenbeckens links. Hier sehen Sie ein großes Schild, das die Sehenswürdigkeiten von Muxía beschreibt und auch die Richtung zur Landspitze zeigt. Sie gehen nach rechts weiter in die Rúa Virxe da Barca. Vorbei an der i Touristeninformation folgen Sie der Straße für 300 m bis zur kleinen Kirche Santa Maria. Sie gehen an der Kirche die Stufen nach

Auf den Mirador do Monte Corpiño, den höchsten Punkt von Muxía

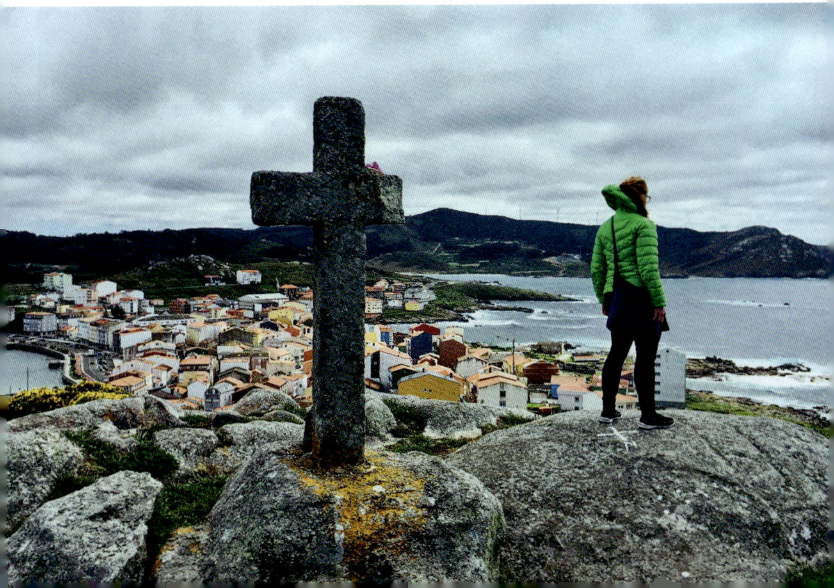

oben und links an der Kirche vorbei. So erreichen Sie den abseits stehenden Glockenturm, an dem Sie über große Felsbrocken nach oben steigen, um einen engen, steilen Pfad zu betreten. Er führt Sie auf den **Mirador do Monte Corpiño**, den höchsten Punkt von Muxía. Sie gehen an dem Steinkreuz nach rechts und erreichen auf einem gepflasterten Weg ein Monument, die ✞ Kirche Virxe da Barca und den **Faro de Muxía ❼** (km 18) (☞ 📷 124-125).

Der Leuchtturm **Faro de Muxía** steht an einem sehr schönen und stimmungsvollen Ort, dem Punta de Barca. Der Turm selbst ist eher unscheinbar, nicht gerade schön und sehr einfach gehalten. Trotzdem lohnt sich ein Besuch, vor allem um die Schönheit des Ortes zu genießen. Umgeben von der Wallfahrtskirche Virxe de Barca (☞ rechts) und verschiedenen Monumenten lässt sich hier wunderbar den Sonnenuntergang betrachten. Genießen Sie am Abend die Stille und Ruhe und hören Sie dem Rauschen des Meeres zu.

Sonnenuntergang in Muxía

✞ Der Legende nach ist an dieser Wallfahrtskirche, der **Virxe de Barca**, Jakobus die heilige Jungfrau Maria in einem Steinschiff erschienen

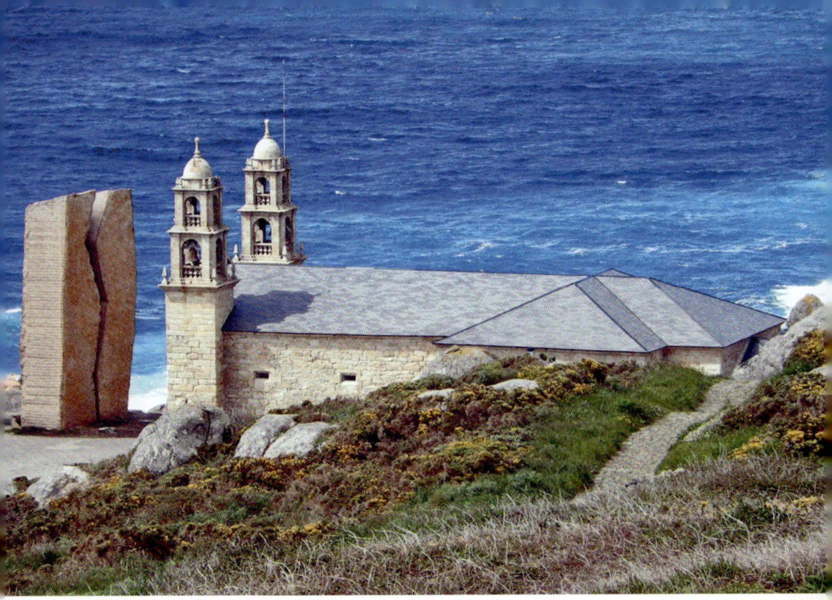

Virxe de Barca

und hat ihm Mut zugesprochen. An den großen Steinen vor der Kirche finden Sie einen Stein mit der Aufschrift **„Pedra dos Cadris“.** Dieser symbolisiert das Segel des besagten Schiffes der Virxe da Barca (Jungfrau vom Schiffe). Ein Brauch ist es, neun Mal unter dem Steinsegel durchzukrabbeln. Mit dem Ritual sollen der Verheißung nach alle Nierenleiden und auch Rheuma geheilt werden. Probieren Sie es doch einfach aus. Daneben finden Sie einen weiteren großen Stein, den **„Pedra dos Abalar“**. Ab einer gewissen Anzahl an Menschen, die auf den Stein klettern, fängt dieser an zu wippen.

⌘ Das große Monument **„A Ferida“**, das oberhalb der Kirche und des Leuchtturms steht und die Form eines Quaders hat, der in der Mitte gespalten ist, wurde der Schiffskatastrophe im Jahr 2002 gewidmet, als die „Prestige“ hier an der Costa da Morte verunglückte (📷 ☞ S. 10).

Wenn Sie der Straße, die an dem großen Monument vorbei verläuft, geradeaus folgen, kommen Sie nach 700 m wieder zurück nach Muxía. Sie gehen bei den ersten Häusern nach rechts und weiter rechts immer den Wegmarkierungen nach für 200 m durch den Ort, bis Sie an einem großen Steinhaus vorbeigehen und dahinter ein etwas komisches Gerüst erkennen. Hier wird von den Fischern des Ortes der Tagesfang zum Trocknen aufgehängt.

Sie gehen vor dem Gerüst nach links und kommen nach 300 m an einem Spielplatz vorbei auf einen großen Platz am Ende von Muxía. Zur besseren Übersicht endet hier die Beschreibung dieser Etappe (km 19,2).

Muxía

Rathaus, Oficina Municipal de Turismo, Calle Real, 35, 15124 Muxía, ☏ 981 742 001, www.concellomuxia.com, Mo-Fr 8:30-15:00

Hotel den Encanto A de Lolo, Rúa Virxe da Barca 37, 15124 Muxía, ☏ 981 742 422 oder 646 390 101, info@hoteladelolo.com, www.hoteladelolo.com, Ü EZ/DZ ab € 65, sehr zentral gelegenes Hotel mit schönen, sauberen Zimmern, tolles Restaurant mit vielen Fischspezialitäten

Hostel Bela Muxía, Calle da Encarnación 30, 15124 Muxía, ☏ 981 742 041 oder 687 798 222, albergue@belamuxia.com, www.belamuxia.com, Ü EZ/DZ ab € 70, Ü in der Herberge € 16, sehr schönes und sauberes Hostel, gutes Preis-Leistungs-Verhältnis, sehr moderne Zimmer und sehr geräumig, Waschmaschine (€ 3) und Trockner (€ 4)

♦ **Muxía Mare**, Rúa Castelao 14, 15124 Muxía, Ü DZ ab € 85, ☏ 981 742 423 oder 664 102 205, alberguemuxiamare@gmail.com, www.alberguemuxiamare.es, Ü in der Herberge € 15, sehr schönes Hostel mit Herberge, sauber, Zimmer teilweise mit Meerblick, Waschmaschine und Trockner (je € 5). Die Inhaber sind sehr nett und sprechen Deutsch.

♦ **Albergue Arribada**, Rúa José Maria del Rio 30, 15124 Muxía, ☏ 981 742 516, muxia@arribadaalbergue.com, www.arribadaalbergue.com, Ü EZ € 48, DZ ab € 64, Ü in der Herberge € 20, mitten in Muxía gelegen, sehr schöne Unterkunft, modern eingerichtet, geräumig und sauber, große Küche, Waschmaschine und Trockner (je € 3)

Albergue@Muxía, Calle Enfesto 12, 15124 Muxía, ☏ 981 742 118 oder 609 615 533, www.albergueamuxia.com, Ü € 13, sehr zentral gelegene Herberge mit 41 Schlafplätzen, schöner Aufenthaltsraum, Küche, Waschmaschine (€ 3) und Trockner (€ 3,50)

9. Etappe: Muxía – Lires

30,3 km, ca. 9 Std., 840 m, 840 m, 0-261 m

0,0 km	8 m	Muxía
1,8 km	0 m	Praia de Lourido
3,9 km	160 m	Monte Cachelmo
7,6 km	155 m	Monte Buitra
11,8 km	261 m	Monte Pedrouzo
13,7 km	0 m	Praia de Moreira
19,0 km	41 m	Faro Touriñan
25,2 km	0 m	Praia de Nemiña
30,3 km	16 m	Lires

Muxía

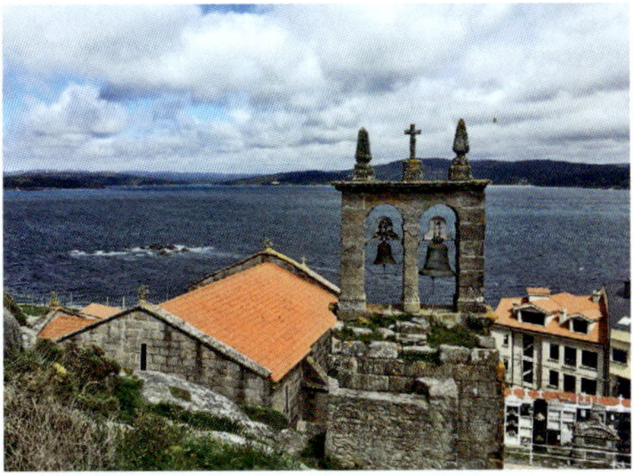

Es wird nun wieder bergiger und nochmals steht eine sehr lange Etappe an. Gleich drei anspruchsvolle Anstiege warten auf Sie. Die Aussicht und der Streckenverlauf sind allerdings wieder einmalig. Sie gehen die gesamte Etappe direkt am Meer entlang, meist auf den bekannten schmalen Pfaden. Gekrönt wird diese traumhafte Etappe noch durch den Leuchtturm Faro Touriñan, der ganz einsam auf einer Landzunge steht und hier seinen Dienst verrichtet. An der schmalsten Stelle ist die Landzunge nur 300 m breit. Über gut ausgebaute Wege wandern Sie weiter zum Strand in Nemiña, dort finden Sie auch die erste Einkehrmöglichkeit. Auf Asphaltstraßen und danach auf gut ausgebauten Wanderwegen erreichen Sie Lires. Das kleine, schmucke Dörfchen ist auch bei Pilgern sehr beliebt. Es gibt gute und preiswerte Unterkünfte und ein Restaurant mit einer tollen Aussicht.

Die Etappe von Muxía nach Lires ist sehr lang. Es gibt erst in Nemiña eine Möglichkeit zur Einkehr. Nehmen Sie daher genügend Proviant und ausreichend Getränke für den Tag mit.

In Muxía gibt es mehrere Taxiunternehmen. Am Rathaus, das sich direkt am Hafen befindet, ist eine Liste ausgehängt, oder Sie bestellen sich ein Taxi unter ☏ 981 742 070 / 609 835 929 bzw. Taxi Camino dos Faros 613 041 499 / 613 076 264, www.taxicaminodosfaros.com. Gute Abholorte sind der Faro Touriñan oder das Dorf Touriñan.

Sie gehen über den gepflasterten Platz und verlassen Muxía auf der breiten Asphaltstraße. Nach 1 km erreichen Sie einen Sportplatz. An diesem gehen Sie geradeaus vorbei und sehen rechts unten bereits den Strand **Praia de Lourido**. In einer Linkskurve oberhalb des Strandes verlassen Sie die Straße nach rechts und gehen direkt hinter der Leitplanke einen engen Pfad steil hinab. Sie betreten nun den Strand Praia de Lourido (km 1,8) und überqueren ihn. Auf der gegenüberliegenden Seite können Sie am Berg das neue und nicht zu übersehende Fünfsternehotel Parador bewundern. Am Ende des Strandes gehen Sie nach rechts einen breiteren Pfad hinauf. Sie halten sich halb rechts und überqueren eine Wiese. Nach 300 m gelangen Sie auf einen weiteren Pfad, der an einem Fahrweg endet. Hier gehen Sie weiter bergauf und halten sich wieder halb rechts. Der Weg verläuft immer oberhalb der Klippen. Sie überqueren einen Zufluss und wandern weiter einen sehr steilen, schmalen Pfad hinauf. Er verläuft zwischendurch wieder eben und führt dann nochmals steil nach oben auf den **Monte Cachelmo** ❶ (km 3,9). Nach 700 m haben Sie die Hochebene erreicht.

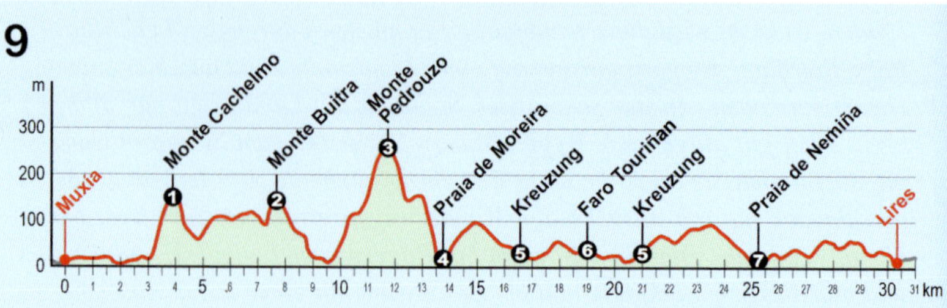

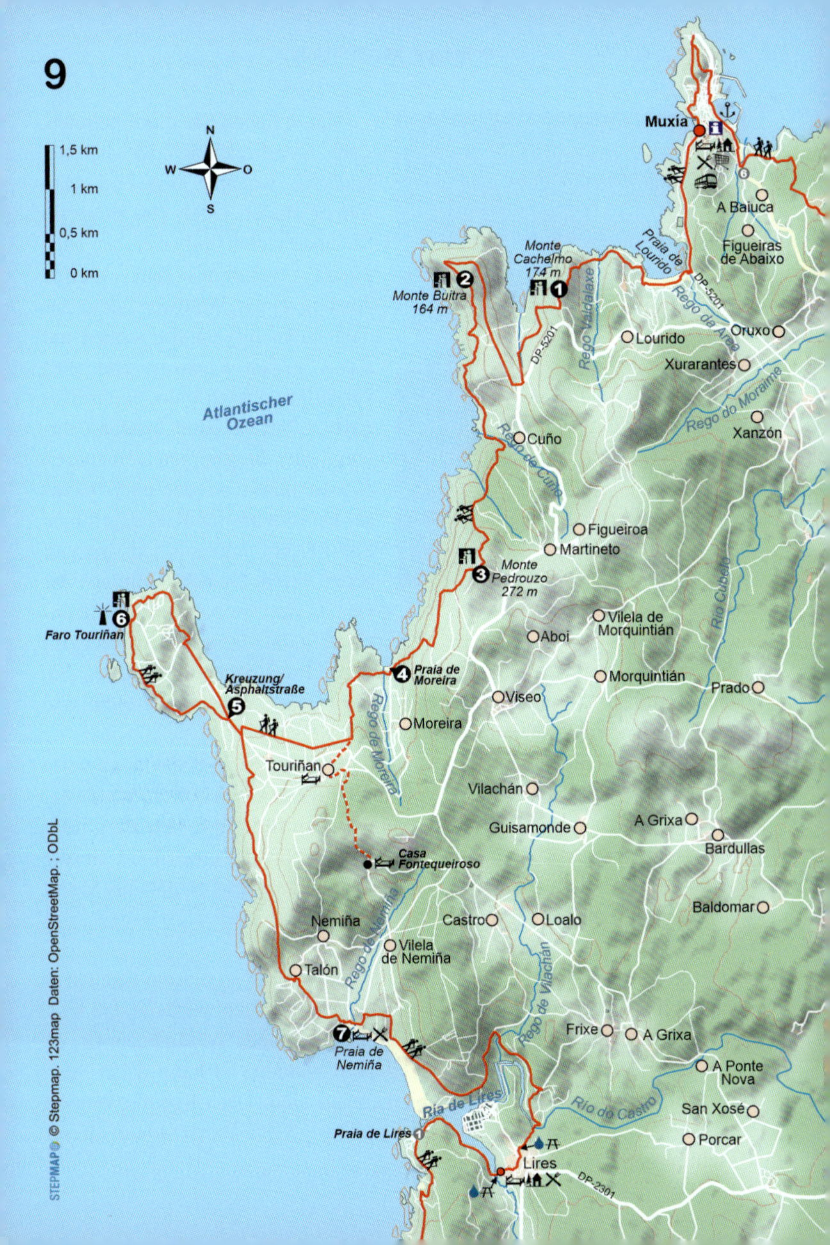

9
1,5 km
1 km
0,5 km
0 km
N
W
O
S
Muxía
A Baiuca
Figueiras de Abaixo
Praia de Lourido
DP-5201
Rego da Area
Monte Cachelmo 174 m
1
2
Monte Buitra 164 m
Rego Valdalaxe
Lourido
Oruxo
Xurarantes
Rego do Moraime
Xanzón
Atlantischer Ozean
Cuño
Rego de Cuño
Figueiroa
Martineto
3
Monte Pedrouzo 272 m
Río Cubelo
Vilela de Morquintián
Aboi
6
Faro Touriñan
Morquintián
4
Praia de Moreira
Prado
Kreuzung/ Asphaltstraße
5
Viseo
Moreira
Rego de Moreira
Touriñan
Vilachán
Guisamonde
A Grixa
Bardullas
Casa Fontequeiroso
Baldomar
Nemiña
Castro
Loalo
Vilela de Nemiña
Rego de Nemiña
Talón
Rego de Vilachán
7
Praia de Nemiña
Frixe
A Grixa
A Ponte Nova
Ría de Lires
Río do Castro
San Xosé
Praia de Lires
Porcar
Lires
DP-2301
STEPMAP © Stepmap. 123map Daten: OpenStreetMap.; ODbL

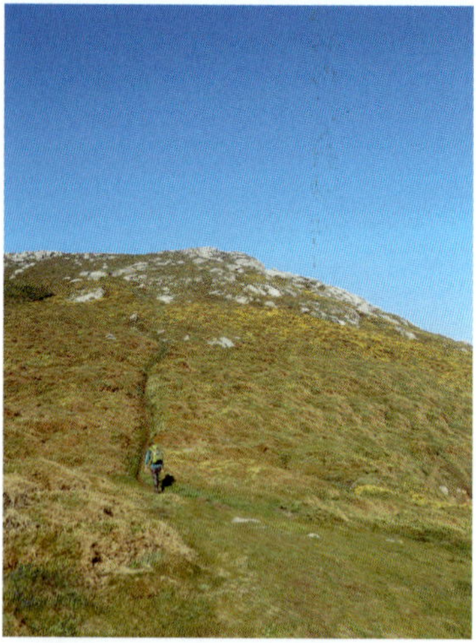

Auf dem Weg zum Monte Buitra

Kaum haben Sie diese betreten, geht es direkt wieder bergab, zunächst weniger steil und dann immer steiler. Nach 100 m gehen Sie nach rechts und erreichen nach einem weiteren sehr steilen Abstieg einen Waldweg, dem Sie nach links folgen. Sie stoßen auf einen breiten Kiesweg. Der Weg verläuft nun nach links. Sie treffen nach 300 m auf einen breiten Fahrweg und biegen nach weiteren 100 m direkt wieder nach rechts ab. Diesem breiten Kiesweg folgen Sie 1,8 km immer leicht bergauf bis zu einem kleinen Parkplatz, der sich an der Spitze dieser Landzunge befindet. Immer stetig bergauf führt der weitere Weg auf einem schmalen Pfad nach links weiter. Sie haben nun nach 300 m den höchsten Punkt dieser Landzunge erreicht, den **Monte Buitra** ❷ (km 7,6).

Zwischen Sträuchern und Ginsterfeldern steigen Sie für 800 m teilweise steil bergab und treffen an einer großen Klippe auf einen breiten Waldweg. Sie wenden sich scharf nach links und wandern für 100 m den Berg nach oben. Dann verlassen Sie den Fahrweg nach rechts auf einen Pfad. Immer oberhalb der Klippen wandern Sie nun 1 km bergauf und bergab, bis Sie an eine Bucht mit einem Parkplatz gelangen.

Der folgende Abschnitt war bei der Recherche zu diesem Buch sehr schlecht markiert und der Weg sehr zugewachsen. Auch wurde in den letzten Jahren immer wieder der auf der Strecke liegende Wald abgeholzt, da nach und nach große Windräder aufgebaut wurden. Es kann daher sein, dass einige Wegweiser nicht mehr erkennbar sind. Der offizielle Weg ist mit einem guten Orientierungssinn und mit GPS-Daten sowie dieser Beschreibung trotzdem zu finden.

Sie gehen geradeaus weiter, zuerst auf einem Kiesweg und kurz danach über eine Wiese. Am Ende der Bucht kommen Sie an einen Bachlauf, den Sie überqueren. Durch Farn und andere Sträucher geht es ☝ hinter dem kleinen Bach links weiter. Sie folgen dem Bachlauf 300 m immer leicht bergauf durch einen schönen Kiefernwald. Der Pfad verläuft halb rechts noch 50 m weiter und führt dann noch mal nach rechts steil den Berg hinauf. Sie kommen an einen breiteren Forstweg und halten sich rechts.

Der Weg verläuft nun zwischen den Bäumen immer weiter bergauf. Nach 400 m gehen Sie nach rechts auf einem schmalen Wanderweg weiter. Weitere 600 m verläuft der Weg zunächst eben und dann leicht bergab. Die Hälfte des Anstiegs bis zum Monte Pedrouzo haben Sie geschafft. Sie betreten nun einen weiteren Pfad, wandern weiter den Berg hinauf und gelangen wieder an den Waldrand. Direkt am Waldrand geht es auf einem schmalen Pfad steil nach oben. Nach 500 m halten Sie sich rechts und erreichen nach weiteren 400 m an einer großen Steinformation den höchsten Punkt dieses Anstiegs, den **Monte Pedrouzo** ❸ (km 11,8).

Sie gehen nach rechts und wandern durch Ginsterfelder und Sträucher auf einem schmalen Pfad 400 m bergab bis zu einem breiten Forstweg. Diesem folgen Sie leicht bergauf am Hang entlang für 500 m. Sie verlassen den Forstweg dann nach rechts auf einen schmalen Pfad und wandern auf diesem teilweise steil bergab bis zum Strand **Praia de Moreira** ❹ (km 13,7).

Am oberen Ende des Strandes erreichen Sie eine Teerstraße. Hier gehen Sie nach rechts, überqueren einen Bach und gehen weiter geradeaus auf einen breiten sandigen Weg zu.

☝ Der Zulauf am Strand ist äußerst schlecht zu sehen. Der Sand kann an einigen Stellen unterspült und sehr rutschig sein.

Die Sandpiste verläuft an einem kleinen Waldstück entlang, Sie folgen diesem für 300 m immer stetig bergauf. Ein breiter Forstweg kreuzt nun den Weg, Sie überqueren ihn und gehen weiter geradeaus. Zunächst halb rechts wandern Sie nach wie vor bergauf und folgen dem Weg, der eine Linkskurve macht. Sie halten sich nach der Linkskurve nochmals halb rechts und erreichen nach 150 m eine große Steinformation, an der Sie vorbeigehen. Weiter der Markierung folgend treffen Sie nach 200 m zuerst auf einen schmalen Kiesweg und nach weiteren 100 m auf eine breite Kiespiste. Sie gehen halb links weiter und folgen der breiten Straße bis zu einer Kreuzung.

Wenn Sie ins Dorf Touriñan möchten, folgen Sie dieser breiten Straße geradeaus bergauf.

Apartamentos Curras en Touriñan, Touriñan 46, 15124 Touriñan-Queiroso, 616 406 431 oder 630 713 449, apartamentosmardetourinan@gmail.com, www.tourinanapartamentos.com, Ü DZ € 60-70, direkt im Dorf Touriñan, mit Küchenzeile, tolle Ausstattung, Waschmaschine, sehr geräumig. Die Lage ist sehr schön, mit Blick auf das Kap Touriñan. In Touriñan gibt es keine Einkaufsmöglichkeiten und kein Restaurant!

Casa Fontequeiroso, Lugar de Queiroso, Nemiña, 15124 Muxia, 981 748 946 oder 617 490 851, correo@casafontequeiroso.com, www.casafontequeiroso.com, Ü EZ ab € 70, DZ ab € 85, Preise sind inkl. F. Die Unterkunft liegt ca. 1,7 km hinter dem Dorf Touriñan.

Der Weg verläuft weiter nach rechts und Sie gehen auf dem breiten Kiesweg 400 m immer leicht bergab bis zu der nächsten Kreuzung. Weiter geradeaus gelangen Sie nach 900 an eine scharfe Linkskurve, der Sie folgen, und weitere 100 m an eine breite Asphaltstraße ❺ (km 16,4).

Den schwierigsten Teil dieser langen Etappe haben Sie geschafft. Der weitere Weg verläuft nun zum Leuchtturm Touriñan und dann weiter auf breiten, gut ausgebauten Wegen nach Nemiña. Wenn Sie die Strecke um 5 km abkürzen möchten, gehen Sie hier an der Asphaltstraße nach links, allerdings verpassen Sie dann den Leuchtturm Touriñan und die herrliche Aussicht vom Kap.

Sie gehen nach rechts und folgen der Asphaltstraße für 1,2 km immer leicht bergab. Bevor sie in einer Linkskurve weiter bergauf verläuft, verlassen Sie sie nach rechts auf einen breiten Pfad. Achten Sie hier auf die Markierungen auf dem Boden. Zwischen Ginstersträuchern folgen Sie dem Pfad immer im Wechsel bergauf und bergab für 700 m, bis Sie wieder ober-

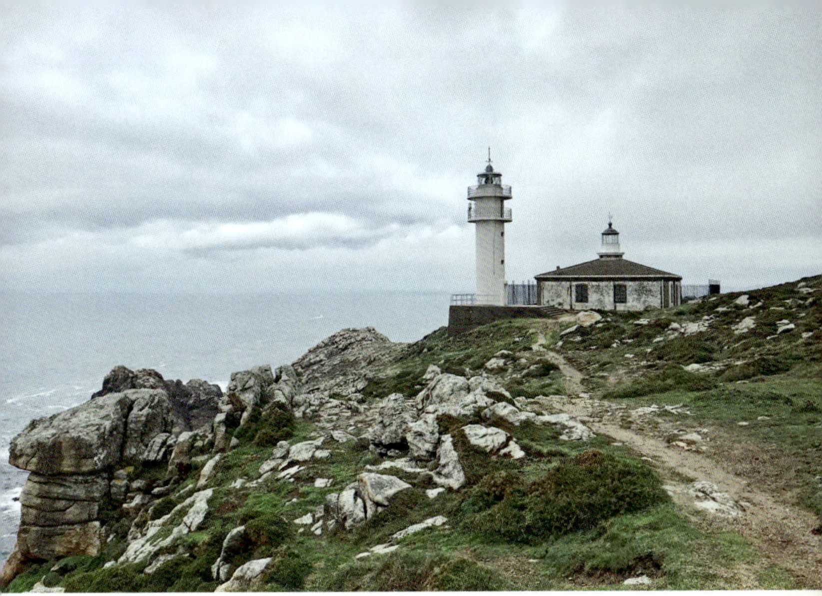

Faro Touriñan

halb der Klippen zum Meer zurückkommen. Sie haben nun die Spitze der Landzunge erreicht. Sie wandern an der Landzunge entlang und betreten einen schmalen Pfad, dem Sie bis zu einer kleinen Bucht folgen. Auf der gegenüberliegenden Seite der Bucht gehen Sie weiter und folgen der Markierung auf sehr schmalen Wegen zwischen den Ginsterfeldern hindurch. Sie können jetzt bereits die Spitze des Leuchtturms sehen. Nochmals nach halb rechts gehen Sie leicht bergab und wenig später wieder halb links bergauf noch 550 m bis zum **Faro Touriñan** ❻ (km 19).

Auf einer schmalen Landzunge, die direkt ins Meer hinausführt, steht ganz einsam der 11 m hohe **Faro Touriñan**. Der Leuchtturm wurde 1898 erstmals hier an dieser Stelle errichtet und im Jahr 1981 komplett erneuert.

Vor dem Leuchtturm finden Sie eine Bank aus Stein, auf der die Koordinaten des Leuchtturms angebracht sind. An dieser gehen Sie vorbei und gelangen wieder auf einen schmalen Pfad, der sich immer stetig bergauf und bergab zwischen den Ginstersträuchern weiter an der Landzunge entlangzieht. Nach 650 m treffen Sie auf einen breiten Forstweg, Sie gehen hier halb rechts weiter und bleiben auf dem schmalen Pfad. Nach 1 km treffen Sie auf eine große Betonmauer, an der Sie nach rechts gehen. Ein kurzer Anstieg vorbei an einem kleinen, verlassenen Steinhaus bringt Sie wieder an die breite Asphaltstraße (km 21,1). Sie gehen nach rechts und folgen dieser für 200 m, bevor Sie wieder nach rechts auf einen breiten Kiesweg abbiegen.

400 m wandern Sie weiter bergauf und verlassen den breiten Weg dann erneut nach rechts. Sie betreten einen schmalen Pfad, der zunächst bergab und dann zwischen Sträuchern und neben kleinen Steinmauern am Hang entlang für 1 km immer leicht bergauf verläuft. Oben angelangt treffen Sie wieder auf die Asphaltstraße und gehen nach rechts. Vorbei an einem Rastplatz bleiben Sie nun für 800 m auf dieser Straße und verlassen sie dann wieder nach halb rechts auf einen Forstweg. Auf diesem Pfad bleiben Sie nun für 800 m bis zum Weiler Talon (km 24,4).

Sie gehen nach rechts, durchqueren das kleine Dorf und verlassen es bereits nach 50 m wieder nach rechts. Sie wandern weitere 500 m auf einem gut ausgebauten, breiten Kiesweg. Diesen verlassen Sie dann nach links bergab und gehen weiter, bis Sie auf das Restaurant mit Bar und den Strand von **Nemiña** ❼ (km 25,2) treffen.

As Camposas de Nemiña, Apartamentos Nemiña, Playa de Nemiña, 15138 Lires, 689 293 380 oder 649 412 665, www.nemina.com, Ü DZ ab € 60, Juli und August ab € 80, direkt am Strand gelegen, bei Surfern sehr beliebte Unterkunft

♦ **Apartamentos Costa da Morte Nemiña**, Playa de Nemiña 57, 15138 Lires, 697 564 453, reservas@apartamentoscostadamorte.com, www.apartamentoscostadamorte.com, Ü EZ € 67, Ü DZ ab € 97, direkt am Strand gelegen, die Unterkunft befindet sich im gleichen Gebäude wie das Restaurant

Sie gehen am Restaurant vorbei und überqueren den davor liegenden Parkplatz. Sie betreten eine Asphaltstraße, der Sie halb rechts folgen. Oberhalb des Strandes gehen Sie auf der Straße entlang und folgen dieser vor den nächsten Häusern links bergauf. Auf der rechten Seite finden Sie hier die Apartamentos Turisticos As Camposas.

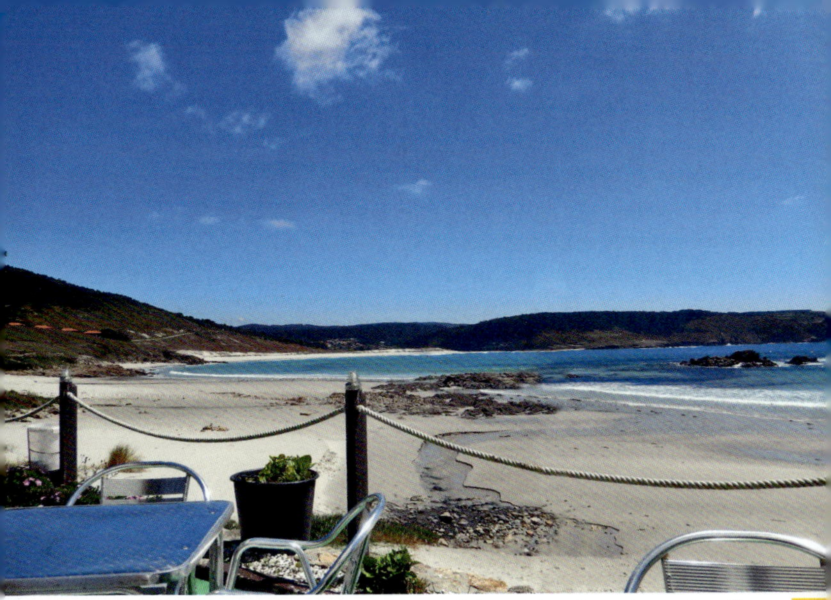

Blick auf den Strand von Nemiña

An der nächsten Kreuzung halten Sie sich rechts und gehen die Asphaltstraße entlang. Vorbei an einem schönen Anwesen, in dem eine Surfschule untergebracht ist, biegen Sie rechts ab und gehen bergab zurück bis zum Strand. Bevor Sie diesen betreten, führt der Weg nach links auf einen breiten Kiesweg, oberhalb des Strandes entlang. Sie folgen ihm für 1 km. Gegenüber sehen Sie eine große Fischfirma und dahinter das Dorf Lires. Der Kiesweg geht hier in eine Asphaltstraße über und Sie wandern immer bergauf durch ein Waldstück. Nachdem Sie 1 km leicht bergauf gegangen sind, verlassen Sie die Straße in einer Rechtskurve und wenden sich scharf rechts bergab auf einen breiten Waldweg. Dieser verläuft durch einen schönen Eukalyptuswald. Sie überqueren einen kleinen Zufluss und gehen weiter geradeaus, bis Sie nach 400 m an einen Kiesweg kommen. Hier gehen Sie nach rechts.

Am Waldrand entlang geht es nun 600 m eben weiter. Sie verlassen den Kiesweg nach rechts bergab und treffen wieder auf den Pilgerweg. Sie folgen dem Weg weiter bergab und erreichen einen neu ausgebauten Wanderweg, der bald in eine Asphaltstraße übergeht. An einem großen Steinhaus vorbei kommen Sie nach 500 m zu einer großen Brücke. Diese überqueren Sie und betreten einen schön gepflasterten Weg. Nach weiteren 350 m erreichen Sie auf diesem gut ausgebauten Weg die ersten Häuser von Lires.

Kurz vor dem Ortskern treffen Sie auf einen Rastplatz mit Wasserstelle, gehen an diesem vorbei und halten sich halb links. An der nächsten Kreuzung haben Sie den Ortskern des kleines Dörfchens **Lires** erreicht. Zum Restaurant und zur Unterkunft As Eiras gehen Sie links bergauf. Der weitere Weg führt nach rechts. Sie durchqueren Lires und erreichen am Ortsrand die Unterkünfte Casa Lourido sowie nach weiteren 350 m einen Rastplatz mit Wasserstelle (km 30,3).

Lires

Casa Lourido, Lires 15, 15138 Lires, ☏ 981 748 203, Ü EZ/DZ ab € 50, F € 5, schöne Unterkunft, sehr freundliche und hilfsbereite Inhaber, sehr gutes Frühstück mit selbst gemachter Marmelade und leckerem Kuchen, hervorragendes Preis-Leistungs-Verhältnis

♦ **LiresCa**, Lires 31, 15138 Lires, ☏ 981 464 395, www.liresca.com, Ü EZ/DZ ab € 64, F € 3,50, sehr schöne Unterkunft, sehr gutes Frühstück, gutes Preis-Leistungs-Verhältnis

♦ **Casa Luz**, Parroquia Lires 35, 15138 Lires, ☏ 981 748 924, www.casaluzlires.com, Ü EZ/DZ ab € 55, F € 5, sehr schöne Unterkunft, sehr freundliche und hilfsbereite Inhaberin, gutes und reichliches Frühstück inkl. galizischen Spezialitäten

As Eiras Lires, Lugar de Lires 82, 15138 Lires, ☏ 981 748 180, www.ruralaseiras.com, DZ ab € 60, in der Herberge € 15, schöne Zimmer, teilweise mit Blick zum Meer, Waschmaschine und Trockner. Die Unterkunft liegt oberhalb des örtlichen Restaurants. Es gibt Tagesmenüs für € 15 und Frühstück ist im Restaurant möglich.

Lires ist ein kleines, aber sehr feines Dörfchen, das direkt am Pilgerweg zwischen Fisterra und Muxía liegt. Die kleinen Häuser sind alle am Hang angesiedelt, wodurch Sie einen herrlichen Blick auf die Bucht und das Meer vor Lires haben. Abends lohnt sich ein ca. 1 km langer Spaziergang an den Strand von Lires (☞ Wegbeschreibung Etappe 10). Sie können dort einen schönen Sonnenuntergang genießen.

10. Etappe: Lires – Kap Finisterre

21,5 km, ca. 6 Std. 30 Min., 660 m, 570 m, 0-229 m

0,0 km	16 m	Lires
1,2 km	17 m	Playa Lires
5,4 km	0 m	Praia do Rostro
9,1 km	72 m	Monte de Arnela
10,9 km	85 m	Praia de Arnela
14,0 km	229 m	Monte Veladorio
17,1 km	0 m	Mare de Fora
21,5 km	110 m	Kap Finisterre
2,6 km		Fisterra

Und zum Schluss noch einmal Meer pur! Immer auf schmalen Pfaden entlang des Meeres verläuft die letzte Etappe zum Kap Finisterre. Über einen gefühlt nie enden wollenden Strand mit fast 2 km Länge und anschließend

Endloser Sandstrand, der Praia do Rostro

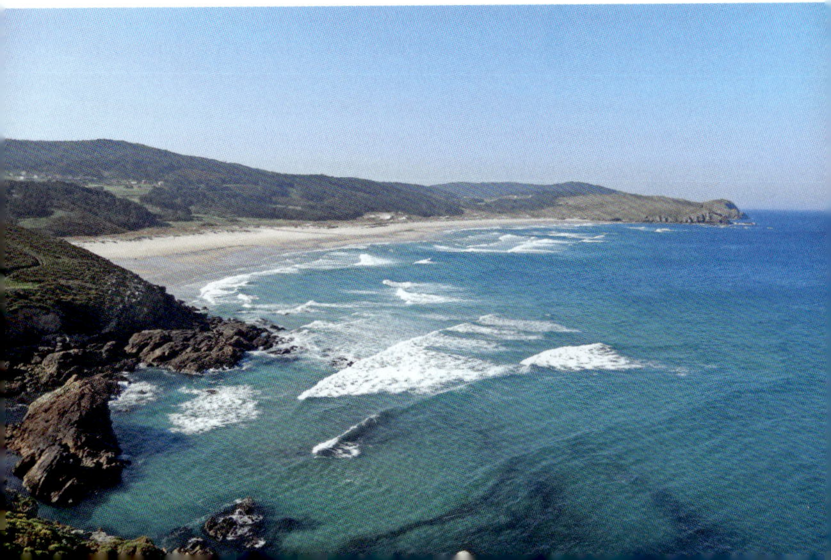

über zwei Anhöhen geht es auf die Zielgerade. Eine sehr anstrengende und lange Etappe wartet heute auf Sie. Wie aber auch in den Vortagen werden Sie mit atemberaubenden Aussichten belohnt, sodass sich jeder Anstieg lohnt.

Der folgende Abschnitt bis zum Praia do Rostro war bei der Recherche zu diesem Buch ebenfalls sehr schlecht markiert. Auch hier gilt, mit Orientierungssinn und dem GPS-Track ist die Strecke ebenfalls zu finden, Sie müssen sich auf schmale Pfade, die stellenweise zugewuchert sind, einstellen.

Am Rastplatz in Lires gehen Sie geradeaus vorbei und überqueren eine Steinbrücke. Nach dieser wenden Sie sich nach rechts und folgen der Asphaltstraße für 1,2 km am Wasser entlang bis zur Bar und zum Strand von **Lires ❶** (km 1,2). Sie gehen geradeaus am Strand vorbei und betreten einen breiten Fahrweg, dem Sie 200 m bis zu einem Parkplatz folgen. Sie halten sich links und folgen dem Fahrweg für weitere 400 m bergauf bis zu einer Abzweigung. Hier gehen Sie geradeaus weiter. Nach 100 m halten Sie sich rechts und treffen nach weiteren 100 m auf einen weiteren Parkplatz. Sie gehen am Parkplatz vorbei, halten sich halb links und gehen auf einem schmalen Pfad für ca. 200 m weiter. Hier halten Sie sich rechts und gelangen an eine scharfe Kurve, dieser folgen Sie nach links. Nach 100 m gehen Sie weiter geradeaus und folgen dem Pfad immer stetig bergauf für ca. 600 m am Waldrand entlang. Weiter gehen Sie nach rechts und nur wenige Meter weiter halten Sie sich links und erreichen nach ca. 100 m eine Stein-

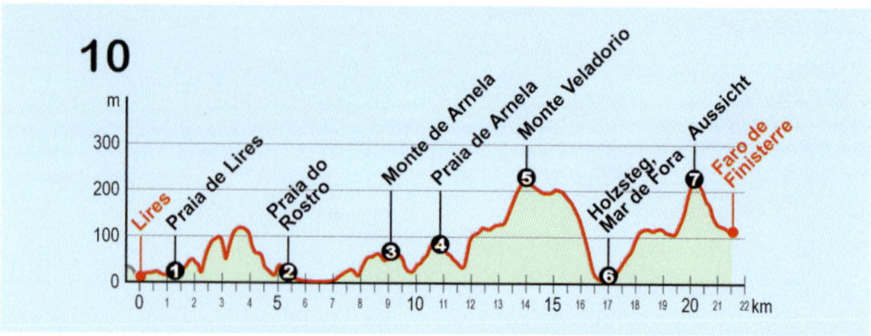

mauer, die Sie überqueren, und gleich 50 m danach an eine zweite Mauer.

Hier haben Sie einen atemberaubenden Blick auf die unterhalb liegenden Buchten und Klippen.

Sie betreten neben der Mauer einen schmalen Pfad und wandern auf diesem nach links für 400 m bis zu einem breiten Waldweg. Weiter geradeaus folgen Sie diesem und wenden sich dann nach 400 m an einem Wegweiser nach rechts. Nach 100 m überqueren Sie eine weitere Steinmauer. Steil bergab folgen Sie diesem Pfad und gehen nach links. Vorbei an einer Informationstafel und einer kleinen Parkbucht wandern Sie am Hang entlang. Sie biegen nach rechts auf einen weiteren Pfad ab und gelangen erneut zu einer

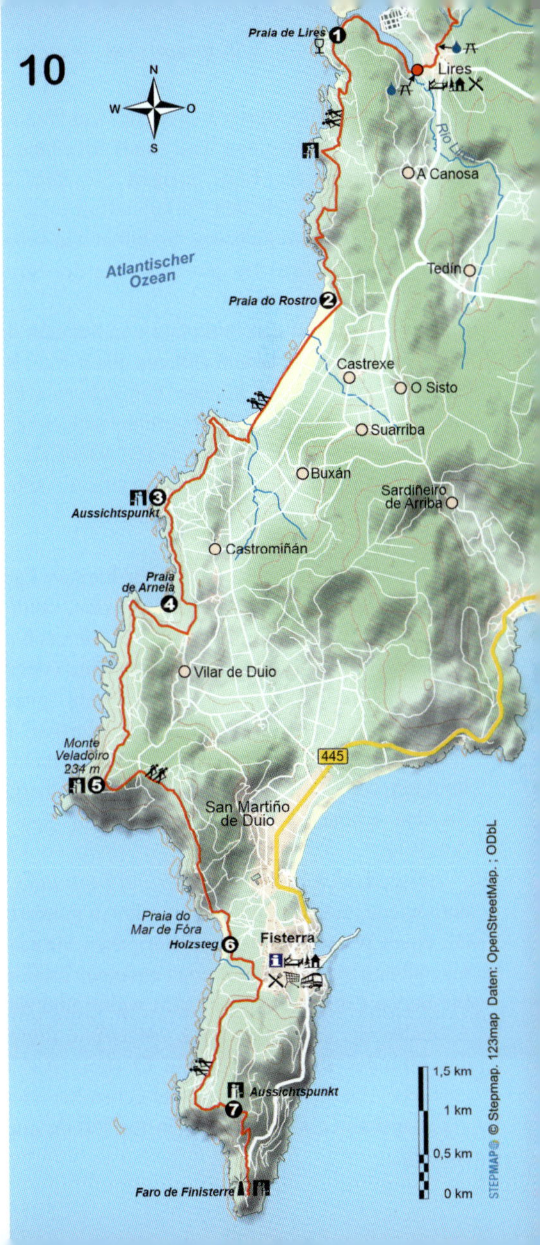

Steinmauer. Hinter dieser folgen Sie dem Weg nach links bergab und kommen nach 250 m an einen Wasserlauf mit einem kleinen Wasserfall. Auf der gegenüberliegenden Seite steigen Sie über einen kurzen und steilen Anstieg zu einem kleinen Parkplatz mit einer weiteren Informationstafel auf. Sie folgen dem Fahrweg für 200 m und verlassen ihn dann nach rechts. Nach 400 m haben Sie den Parkplatz des Strandes **Praia do Rostro ❷** (km 5,4) erreicht.

Sie überqueren den Parkplatz und betreten den Strand. Direkt auf dem Sand gehen Sie am Strand entlang. Nach 2 km haben Sie fast das Ende des Strandes erreicht und können vor sich eine kleine Felsnase, die in den Strand ragt, erkennen. Davor befindet sich ein Zufluss, den Sie überqueren.

Auch hier kann der Sand unterspült sein, passen Sie bei der Überquerung auf, dass Sie nicht ausrutschen.

Danach gehen Sie rechts an der kleinen Landzunge vorbei. Am Ende des Strandes steigen Sie einen schmalen, sandigen Pfad hinauf zu einem Parkplatz. Über sandige Wege gehen Sie nach rechts und wandern weiter bergauf. Nach 500 m haben Sie die Spitze der Klippe erreicht und gehen nach links weiter. Sie umrunden die kleine Spitze und kommen nach 150 m wieder zurück auf einen breiten Wanderweg. Diesem folgen Sie immer entlang der Küste. Dann gehen Sie nach rechts und wandern auf einem breiteren Fahrweg immer halb rechts weiter bergauf. Nach 750 m erreichen Sie den schönen Aussichtspunkt auf dem **Monte de Arnela ❸** (km 9,1).

Sie verlassen den Aussichtspunkt nach links auf einem Pfad. Sie wandern wieder am Hang entlang, für 600 m immer bergauf und bergab, bis Sie auf einen Wasserlauf treffen. Hier gehen Sie scharf links, steigen den steinigen Hang hinauf und kommen auf einen breiten Waldweg. Dann wandern Sie bergauf durch ein Waldstück weiter und treffen nach 400 m auf eine Asphaltstraße. Sie gehen nach rechts und folgen dieser, bis Sie oberhalb des Strandes **Praia de Arnela ❹** (km 10,9) an eine Informationstafel gelangen. An dieser Hinweistafel gehen Sie nach rechts und folgen einem gut ausgebauten Kiesweg bergab für 750 m, immer oberhalb des Strandes entlang.

Sie kommen an die Spitze der Landzunge. Vorne angekommen geht es nun nach links steil bergauf. Der Weg wird nun zunehmend steiler und steiniger. Sie umrunden mehrere große Felsformationen und wandern der Markierung folgend immer weiter bergauf. Nach 1,5 km zweigt ein schmaler Pfad nach links ab. Sie gehen 100 m über ein Feld, das mit Farn bewachsen ist, steil nach oben und kommen wieder auf einen breiten Waldweg. Es steht nun nochmals ein steiler Anstieg an. Sie bleiben auf dem breiten Waldweg und gehen 600 m geradeaus den Berg hinauf bis zum Turm und zum Sendemast auf dem **Monte Veladoiro** ❺ (km 14).

☺ Sie haben nun den höchsten Punkt der heutigen Etappe erreicht.

Direkt am Turm gehen Sie nach rechts und umrunden ein eingezäuntes Haus. Sie treffen dahinter auf eine Asphaltstraße, dieser folgen Sie für 600 m bergab. Dann verlassen Sie die breite Straße und gehen rechts auf einem Waldweg weiter. Sie wandern durch das Waldstück und später am Waldrand entlang, stetig bergauf über die Anhöhe. Nach 800 m gehen Sie nach rechts und betreten einen schmalen Pfad, der durch ein mit Ginster bewachsenes Stück verläuft. Nach 400 m halten Sie sich rechts und treffen wieder auf den Waldweg. Sie folgen diesem nun zunächst mäßig und später steil bergab für 900 m, bis Sie den Beginn des Strandes Mar de Fora erreichen. Sie betreten den Strand über einen sandigen Pfad, gehen über den Sand und erreichen nach 500 m einen nicht zu übersehenden Holzsteg ❻ (km 17,1). Auf dem Steg gehen Sie nach oben und betreten einen gepflasterten Weg. Sie folgen diesem für 300 m und gehen nach rechts auf einem Kiesweg bis zu den ersten Häusern von Fisterra.

Zwischen den Häusern wandern Sie weiter geradeaus, immer leicht bergauf, bis zu einem steinigen Pflasterweg. Dieser verläuft durch einen Hohlweg weiter bergauf und geht nach 400 m in einen Kiesweg über. Diesem folgen Sie für weitere 500 m und halten sich halb rechts. Sie bleiben nun auf dem Waldweg, der an der Landzunge entlang verläuft. Dann biegen Sie auf den letzten steilen Anstieg nach links ab und gehen den steinigen Weg hinauf. Nochmals halten Sie sich rechts und erreichen eine Asphaltstraße und einen Aussichtspunkt ❼. Rechts ist jetzt schon das Kap Finisterre zu sehen.

Sie wandern rechts bergab die Asphaltstraße entlang und kommen nach 900 m an einen Parkplatz. Diesen überqueren Sie und gehen dahinter über mehrere große Felsen. Geradeaus weiter erreichen Sie den Zufahrtsweg zum Kap Finisterre. Nach 500 m haben Sie den **Faro de Finisterre** (km 21,5) erreicht.

Ziel erreicht: Faro de Finisterre

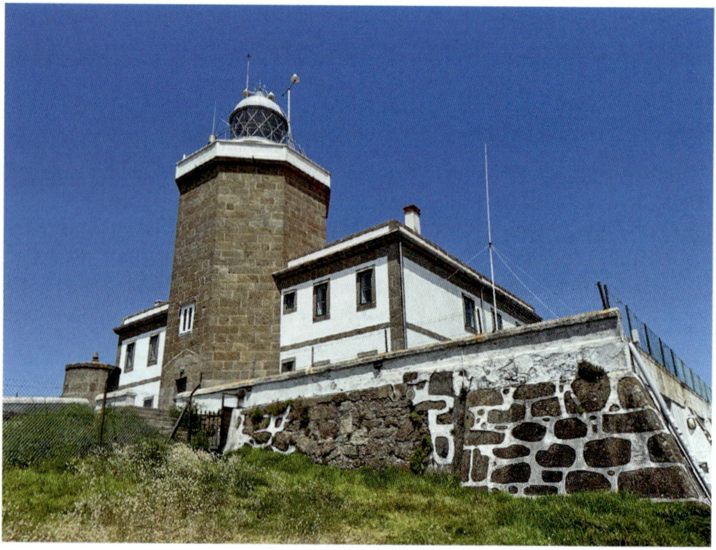

☺ Herzlichen Glückwunsch, Sie haben das Ziel erreicht. Eine tolle Leistung!

„Finis terrae", „das Ende der Welt", wird dieser Ort auf der Iberischen Halbinsel genannt. Der **Faro de Finisterre** thront hier 114 m über dem Meer. Der Leuchtturm mit 14 m Höhe wurde 1853 in Betrieb genommen. Er ist für die Schifffahrt einer der bedeutendsten Leuchttürme entlang der Costa da Morte. Und nicht nur für die Schifffahrt ist dieser Ort sehr bedeutend, auch Tausende Jakobspilger kommen jährlich hierher, um ihre

Pilgerreise von Santiago de Compostela fortzusetzen und sie hier zu beenden. Es ist Brauch, dass die Pilger schweigend den Sonnenuntergang genießen und ein von der langen Reise zerschlissenes Kleidungsstück verbrennen. (Aufgrund der hohen Brandgefahr ist das allerdings seit einigen Jahren verboten.)

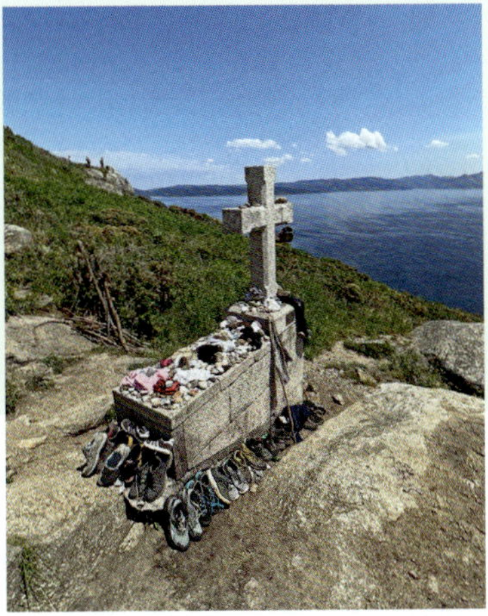

„Das Ende der Welt"

In das kleine Fischerstädtchen Fisterra gelangen Sie auf der Teerstraße, die vom Leuchtturm aus 2,6 km direkt an der Landzunge entlang bergab verläuft.

Fisterra

- Concello de Fisterra, Rúa Santa Catalina 1, 15155 Fisterra, 981 740 001, info@concellofisterra.com, www.concellofisterra.com, Mo-Fr 9:00-15:00
- Touristeninformation in der öffentlichen Pilgerherberge, Rúa Real 2, 15155 Fisterra, 981 740 781, alberguefisterra@hotmail.com, www.concellofisterra.com, ständig
- **Hotel Ancora**, Rúa Alcalde Fernandez 54, 15155 Fisterra, 981 740 791, www.hotelancorafinisterre.com, Ü EZ/DZ ab € 38, Frühstück buchbar, sehr moderne und bunt eingerichtete Zimmer, etwas eng gestellt
- **Hotel Do Banco Azul,** Rúa Pescadores 1, 15155 Fisterra, 981 712 391, www.hoteldobancoazul.com, ÜF DZ ab € 115, sehr modernes Hotel, gute Lage direkt am Hafen, viele Zimmer mit Meerblick
- **Hostal Mariquito**, Rúa Santa Catarina 44, 15155 Fisterra, 981 740 084, www.hostalmariquito.com, Ü DZ ab € 68, liegt mitten in Fisterra, unweit vom Hafen und von der Bushaltestelle entfernt
- **Albergue La Espiral**, Rúa Fonte Vella 19, 15155 Fisterra, 678 390 928, Ü DZ ab € 37, in der Herberge € 15, saubere Herberge, sehr nettes, hilfsbereites Personal, Waschmaschine und Trockner

🛏 🏠 **Albergue Mar de Fora**, Rúa Potina, 15155 Fisterra, ☎ 981 740 298 oder 📱 648 263 639 oder, ✉ alberguemardefora@gmail.com, 💻 www.alberguemardefora.com, Ü DZ ab € 35, in der Herberge € 12-15, am Ortsrand gelegen, ruhig und gepflegt, 🏊 kleiner Pool, Waschmaschine und Trockner (je € 3)

♦ **Albergue Cabo da Vila,** Calle la Coruna 13, 15155 Fisterra, ☎ 981 740 454 oder 📱 607 735 474, ✉ alberguedavila@gmail.com, 💻 www.alberguecabodavila.com, Ü DZ ab € 55, in der Herberge € 18

Fisterra ist eine Hafenstadt mit verwinkelten Gassen, Restaurants und Bars direkt am Hafen und einer schönen Promenade. In der Fischauktionshalle wird täglich der frische Fang versteigert, ein wirklich buntes und lautstarkes Treiben (☞ Tipp unten).

Für viele Tausende Pilger ist dies ein besonderer Ort auf ihrer Reise. Nachdem sie das Grab des heiligen Jakobus in Santiago de Compstela besucht haben, machen sich viele Pilger nochmals zu Fuß auf den Weg hierher, um ihre Reise auf dem Pilgerweg zu beenden.

Schon früher waren Fisterra und das Kap ein bedeutender Ort. Das Kap Finisterre wird auch „das Ende der Welt" genannt. Diesen Namen hat der Ort erhalten, da die Menschen, als sie früher dort ankamen, nur noch das Meer vor sich hatten und so im festen Glauben waren, dass es hier nicht mehr weitergeht.

☺ Die **Fischauktionshalle** im Hafen ist immer einen Besuch wert. Montags bis freitags ab 16:00 hat die Halle geöffnet. Kurz nach 16:30 beginnt die lautstarke Versteigerung der fangfrischen Ware. Es können sich allerdings nur Händler und Restaurantbesitzer beteiligen. Bei schlechtem Wetter hat die Auktionshalle nicht geöffnet, da die Fischer nicht aufs Meer fahren können.

♦ Eintritt gratis

Unterwegs mit OUTDOOR-Handbüchern aus dem Conrad Stein Verlag

- Basiswissen für draußen
- Tageswanderungen
- Fernwanderwege

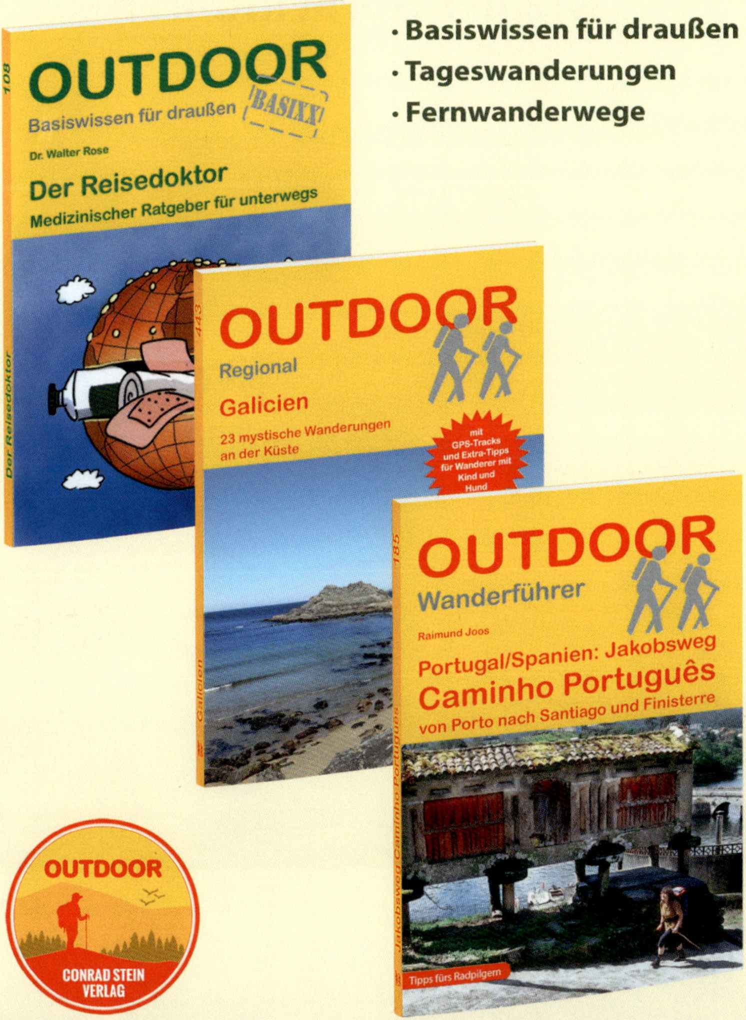

OUTDOOR

CONRAD STEIN VERLAG

Kleiner Sprachführer

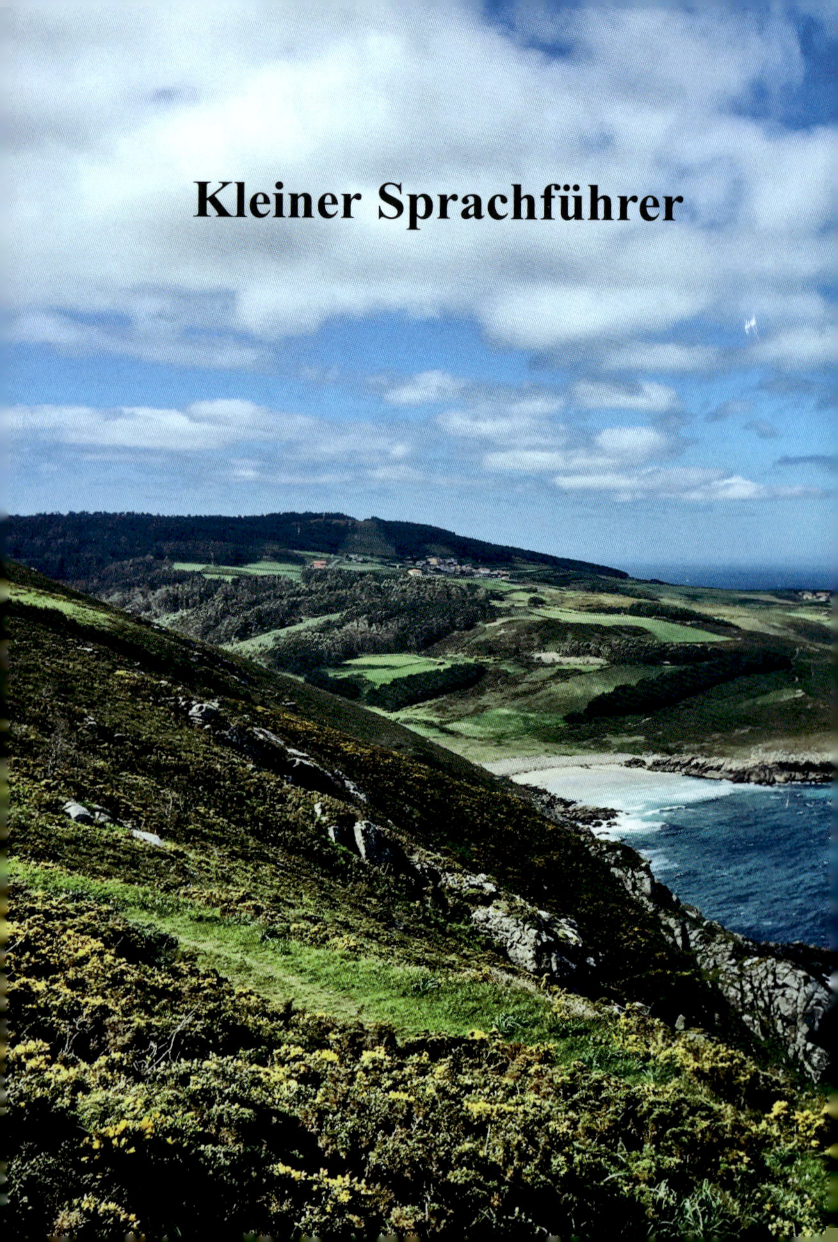

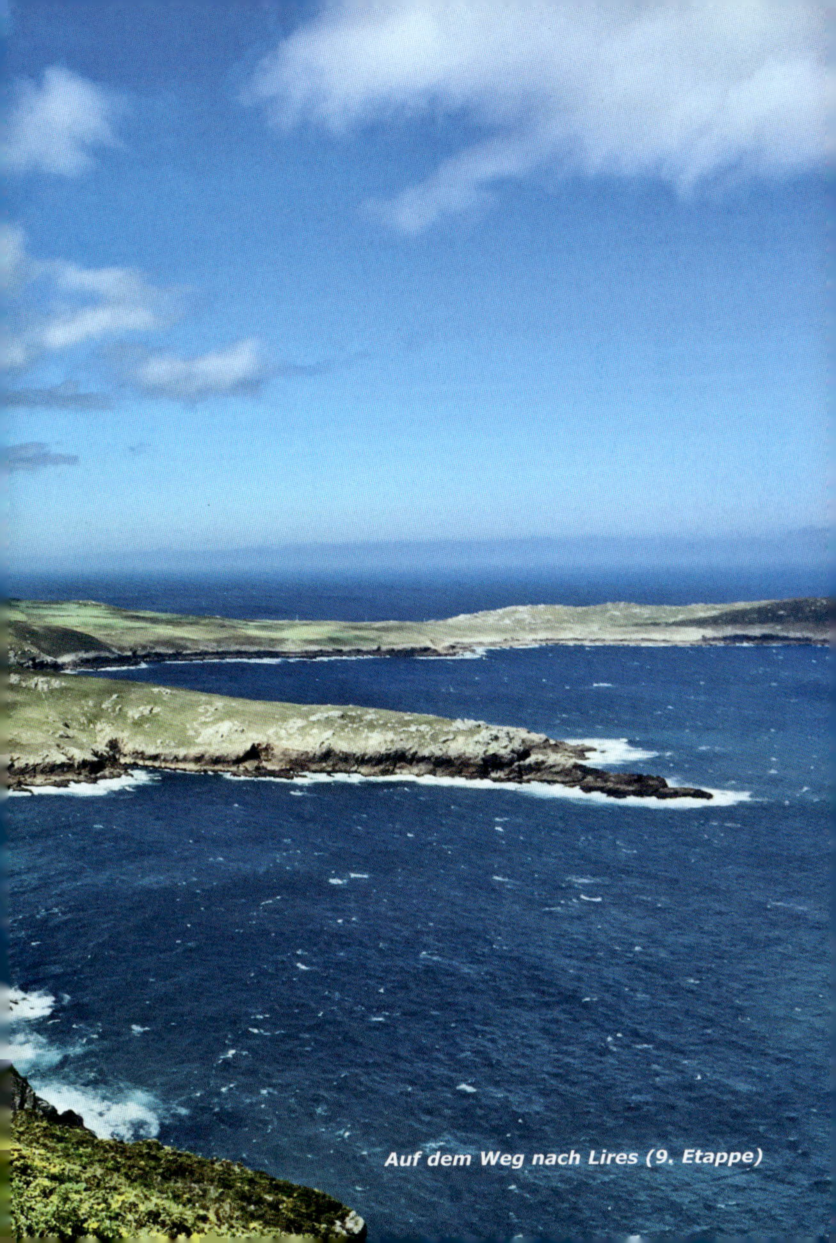
Auf dem Weg nach Lires (9. Etappe)

Grußformeln und andere wichtige Ausdrücke

Spanisch	**Deutsch**
buenos días	guten Tag
buenos tardes	guten Abend
buenas noches	gute Nacht
hola	hallo
adíos	auf Wiedersehen
hasta luego	bis später
gracias	danke
por favor	bitte

pulpo / Tintenfisch

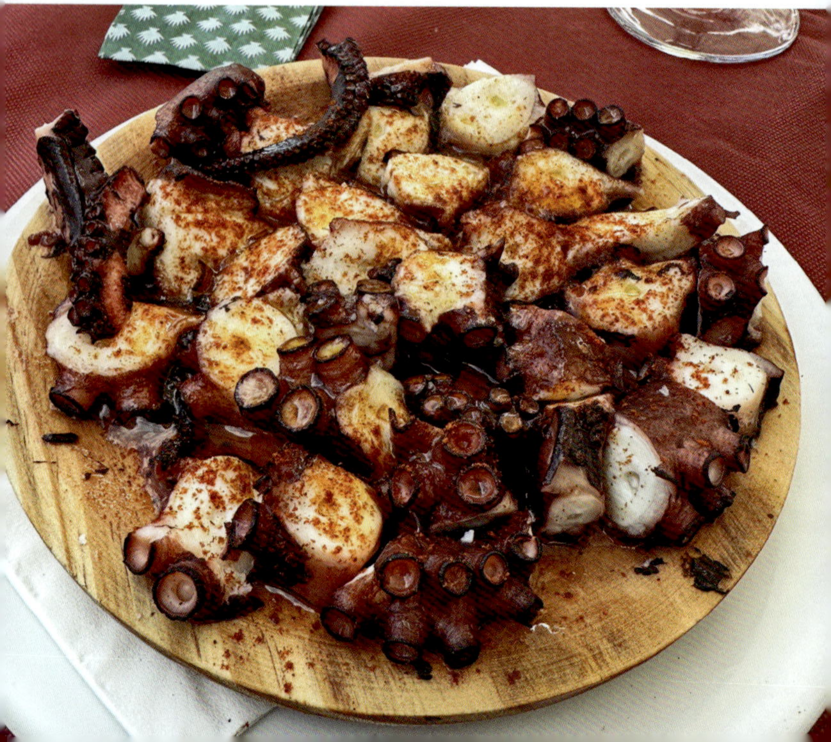

perdón	Entschuldigung
¿Dónde está …?	Wo ist …?
¿Dónde hay …?	Wo gibt es …?

Nützliche Wörter

Spanisch	**Deutsch**
faro	Leuchtturm
camiño	Weg
calle	Straße
monte	Berg
playa/praia	Strand
dune	Düne/Sanddüne
fuente	Quelle, Brunnen
potable	trinkbar (Wasser)
no potable	nicht trinkbar (Wasser)
señor/señora	Herr/Frau (Anrede mit dem Nachnamen)
don/doña	Herr/Frau (förmliche Anrede mit Vornamen)
junta	Regierung einer Region
concello	Rathaus
centro de salud	Gesundheitszentrum
Cruz Roja	Rotes Kreuz
médico	Doktor/Arzt
aeropuerto	Flughafen
estación de autobuses	Busbahnhof
autobus	Bus
estación de tren	Bahnhof
tren	Zug

Index

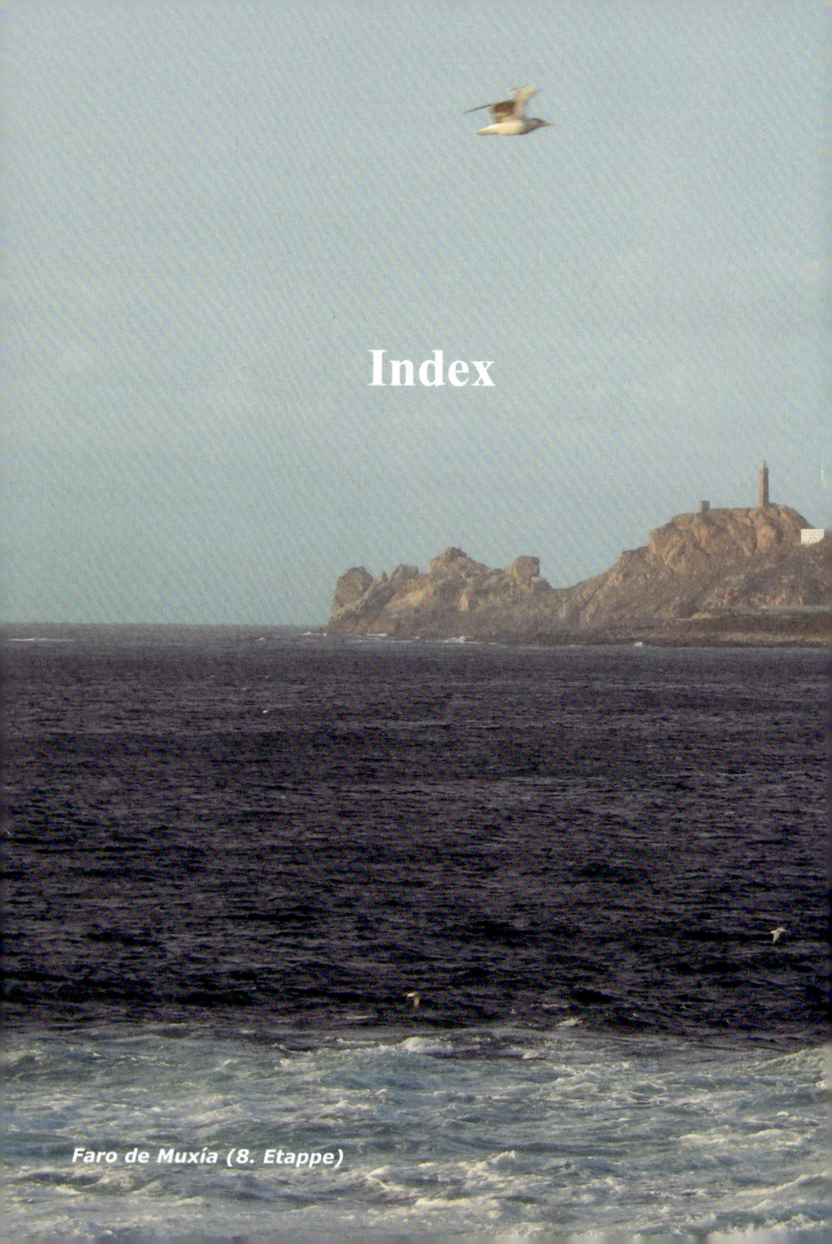

Faro de Muxía (8. Etappe)